# Ein Fest von
# Obst
# und Früchten

## Vita

Britta Teckentrup, geb. 1969 in Hamburg, hat am Central Saint Martins College of Art and Design und am Royal College of Art in London Kunst und Illustration studiert. Sie ist Autorin und Illustratorin zahlreicher erzählender Bilderbücher sowie Sachbilderbücher und ist vielfach ausgezeichnet worden. Heute lebt sie zusammen mit ihrem schottischen Ehemann und ihrem Sohn Vincent in Berlin. Ihre Bücher sind in mehr als 25 Sprachen übersetzt.

Britta Teckentrup: »Ich beschreibe meinen Arbeitsstil als digitale Collagen aus eingescannten, bedruckten Papieren und digitaler Bearbeitung in Photoshop. Die Strukturen für die Illustrationen entstehen durch verschiedene Drucktechniken auf Papier. Meistens verwende ich dazu Druckwalze und Ölfarben. Die bedruckten Papiere scanne ich dann ein und verarbeite sie in Photoshop durch Ausschneiden und Überlagern zu digitalen Collagen.«

# Ein Fest von Obst und Früchten

Britta Teckentrup

Verlagshaus Jacoby Stuart

# Der Garten meiner Großmutter

Der Garten meiner Oma war voll von Obst und Früchten. Meine Schaukel stand im Schatten eines Quittenbaums, meine ersten Kletterübungen machte ich auf dem kleinen Kirschbaum hinter dem Haus. Damals kamen mir die Bäume und der Garten riesig vor. Er war ein kleines Paradies.
Im Garten meiner Oma wuchsen Stachelbeeren, Johannisbeeren und Himbeeren.
Und es waren die Himbeeren, die ich so liebte – so wie auch heute noch. In den Sommerferien war es meine Aufgabe, sie zu pflücken. Viele der Himbeeren sind direkt in meinem Mund gelandet. Die, die es bis zur Küche meiner Großmutter geschafft haben, wurden von ihr zu leckerem Himbeerjoghurt verarbeitet. Ich erinnere mich an die Düfte, die aus der Küche kamen, wenn sie Marmelade, Gelee oder Säfte einkochte.
Ob die Himbeere wirklich eine Beere ist, interessierte mich damals noch nicht.
Heute weiß ich, dass sie eigentlich gar keine Beere ist, sondern eine Sammelsteinfrucht, so wie auch die Kirsche eine Steinfrucht ist. Ich weiß, dass die Quitte zum Kernobst gehört und die Stachelbeere eine Echte Beere ist. Je tiefer ich in die unwahrscheinlich spannende Welt von Obst und Früchten eintauchte, desto klarer wurde mir auch: Es ist kompliziert. In ihrer botanischen Gesamtheit kann ich Obst und Früchte in diesem Buch nur streifen. Deshalb habe ich umso mehr versucht, dass dieses Buch zu einem ästhetischen Genuss wird.
Ich habe Kunst studiert, und die vielfältige Darstellung von Obst und Früchten in der Kunstgeschichte hat mich schon immer fasziniert. Für dieses Buch möchte ich die alten niederländischen Stillleben besonders hervorheben: Es sind zeitlose Bilder voller Sinnlichkeit, Schönheit, Vergänglichkeit, Leben und Tod …
Als ich 21 Jahre alt war, reiste ich für zwei Monate durch Mexiko. Dort sah ich Obst und Früchte wachsen, die ich so noch nie gesehen hatte. Es war ein sinnliches Erlebnis – eine Farbexplosion!
Ich erinnere mich an die mexikanische Malerei, die diese Üppigkeit der Natur zelebriert hat. Besonders im Gedächtnis geblieben sind mir die Melonenbilder von Rufus Tamayo und natürlich die Obstbilder von Frida Kahlo. Meine Begeisterung für Obst und Früchte möchte ich in diesem Buch mit Ihnen teilen.

*Britta Teckentrup*

# Obst und Früchte: Das ist der Unterschied

## Die botanische und die umgangssprachliche Definition

Die Begriffe Obst und Früchte werden oft synonym gebraucht. **Obst** ist der Sammelbegriff für roh genießbare Früchte von Bäumen, Sträuchern und Stauden, die meist säuerlich-süß schmecken. Also etwa Beeren, Birnen, Äpfel, Kirschen. Das Wort Obst gibt es außerdem nur im Singular.

**Frucht** ist in erster Linie ein botanischer Begriff, also zum Beispiel ist der Apfel die (Sammel-)Frucht des Apfelbaums. Es gibt aber auch Obst, das botanisch betrachtet keine Frucht ist, und umgekehrt Früchte, die nicht als Obst, sondern allgemein als Gemüse betrachtet werden. Die Gurke zum Beispiel ist eine Frucht, wird aber in der Regel dem Gemüse zugeordnet. Doch auch beim **Gemüse** wird unterschieden, so wird differenziert zwischen Fruchtgemüse (zum Beispiel Kürbis, Auberginen oder Paprika), Zwiebelgemüse, Blattgemüse, Hülsenfrüchten, Wurzelgemüse und Beilagen wie Peperoni, Kapern oder auch Oliven.

Zudem ist es nicht unüblich, **Nüsse**, die Samen sind, zum Obst zu zählen. Eine Walnuss weist exemplarisch eine schützende Hülle, nicht essbares grünes Fruchtfleisch, aber einen genießbaren sowie reichhaltigen Kern vor.

**Einfach ausgedrückt:** Die Frucht ist eine botanische Form, Gemüse wird im Allgemeinen mit einem Garverfahren in Verbindung gebracht und Obst als roh zu verspeisen betrachtet – was allerdings auch für Pflanzenteile gilt, aus denen Salate bereitet werden.

**Die umgangssprachliche Definition**: Umgangssprachlich meint der Begriff Frucht einen für den Menschen nutzbaren Abschnitt beziehungsweise Teil einer Pflanze. So wird beispielsweise bei der Karotte und der Rübe die Wurzel, beim Kohlrabi die verdickte Achse der Pflanze und beim Getreide das Korn als Frucht bezeichnet. Bei einigen Kohlsorten werden die Laubblätter als Frucht bezeichnet. Beim Apfel bezeichnet man die Wand des Fruchtknotens, der die Samen einschließt, als Frucht.

**Die Botanische Definition**: Im botanischen Sinne versteht man unter dem Begriff Frucht immer nur die Wand des Fruchtknotens, der die Samen einschließt. Die Frucht ist demnach das aus dem Fruchtknoten (der Fruchtknoten ist Teil der Blüte) gebildete Organ, das die oder den Samen bis zur Reife umschließt und anschließend zu dessen Verbreitung dient. Aus botanischer Sicht entsteht Obst also aus den befruchteten Blüten. Demzufolge müsste man beispielsweise Aubergine, Avocado, Gurke, Kürbis, Paprika oder Zucchini nicht nur als Gemüse, sondern auch als Obst einstufen. Rhabarber hingegen nur als Gemüse. Die botanische Klassifizierung von Früchten kann also manchmal recht komplex sein und von den alltäglichen Vorstellungen abweichen.

**Aus küchentechnischer Sicht** ist Obst ein Sammelbegriff für Früchte und Samen, die Menschen meist roh genießen.

**Definition im Lebensmittellexikon**: Als Obst und Früchte werden im Lebensmittellexikon die essbaren, meist saftigen und fleischigen Früchte und Samenkerne von Kultursorten bezeichnet. Dazu zählen hauptsächlich die Früchte der sogenannten Obstgehölze.

**Etymologie**: Der Begriff Obst stammt von dem althochdeutschen Wort *ob-az* oder *obez* ab, was etwa so viel bedeutet wie »Speise, die über das Essen hinausgeht«, also eine Zukost, die neben Brot und Fleisch verzehrt wurde. Das russische Wort für Gemüse, *óvošči*, hat denselben Ursprung wie Obst, bedeutet aber Gemüse. Obst wurde früher gleichbedeutend mit Gemüse gebraucht, allerdings nicht für die proteinreichen Hülsenfrüchte, die keine Zukost, sondern Grundnahrungsmittel waren. Dem deutschen Obst, sowohl in seiner gegenwärtigen engeren als auch seiner älteren weiteren Bedeutung, entsprechen im Französischen und Englischen *fruit*, im Italienischen *frutti* sowie im Spanischen und Portugiesischen *fruta*. Das lateinische Stammwort, *fructus*, bedeutet eigentlich Genuss oder »das, was ich genieße« und dann auch wirtschaftlich »das, woran ich den Nießnutz habe«. Eine ähnlich allgemeine, alle Feld- und Gartenfrüchte umfassende Bedeutung hatte das griechische Wort *karpós*, das noch in den griechischen Wassermelonen, *karpuzi*, fortlebt.

Citrus
Prunus persica
Fragaria
Ficus
Prunus avium
Punica granatum
Pyrus
Ribes uva-crispa
Castanea sativa
Rubus idaeus
Juglans regia

## Pomologie

Die Pomologie (von lateinisch *pomus* = Apfel oder überhaupt Obst) ist die Lehre von den Arten und Sorten des Obstes sowie deren Bestimmung und systematische Einteilung – eine mitunter interessante, aber doch auch mühsame Wissenschaft, denn ein Teil des Wissens kann nur durch die jahrelange Beschäftigung mit Obst und all seinen Facetten erworben werden. Ein Pomologe ist also ein Obstkundiger – Hauptaufgabe der Obstkunde ist die wissenschaftliche Beschreibung der Obstsorten. Die Kultivierung von Obstbäumen ist seit Jahrhunderten in Mitteleuropa heimisch, und ihre Früchte sind seit jeher ein wichtiger Bestandteil der menschlichen Ernährung. Heute findet neben der Rückbesinnung auf alte, geschmacklich hervorragende Sorten der ökologische und ästhetische Wert der Vielfalt von Obst immer mehr Beachtung.

So beschreibt der Pomologen-Verein, dass der Begriff *Alte Obstsorten* heute alle Sorten umfasst, die vom Erwerbsobstbau nicht mehr angeboten werden, also sowohl Sorten, deren Ursprünge bis ins 17. Jahrhundert und früher zurückverfolgt werden können, als auch Sorten, die erst vor rund hundert Jahren bekannt geworden sind. Weil im Laufe des 20. Jahrhunderts viel von den Erfahrungen früherer Generationen verloren gegangen ist, haben auch Pomologen nicht immer eine Antwort auf alle Fragen.

## Der Garten und das Obst

Schon in der Antike begannen Menschen, Obstbäume rund um ihre Siedlungen anzupflanzen. Ägypter, Griechen, Römer und andere Zivilisationen kultivierten Feigen, Granatäpfel, Oliven und Weinreben. Obstgärten dienten nicht nur der Ernährung, sondern hatten oft auch kulturelle und religiöse Bedeutung. Das älteste europäische Gartenbuch heißt *Werke und Tage* und wurde um 700 v. u. Z. von dem griechischen Dichter Hesiod geschrieben, dem wir aus seiner *Theogonie* auch wesentliche Nachrichten über die Herkunft der griechischen Götter verdanken. Der Garten, so erfahren wir bei Hesiod, ist im Unterschied zum offenen Feld ein verhältnismäßig kleiner umhegter Bezirk, in dem Obst und Gemüse gezogen wurden. Im alten Griechenland war er meist von niedrigen Mauern umschlossen, die nicht nur die Grenze zum Nachbargarten markierten, sondern den Garten auch vor der offenen Natur schützten.

Der Garten war auch im europäischen Mittelalter ein umhegter Rückzugsort der Zivilisation in einem barbarischen Umfeld. Die Gärten der frühmittelalterlichen Klöster

bewahrten in einer Zeit, als auch Felder und Gärten verwilderten, die antiken Kulturpflanzen, während in den Skriptorien der Klöster die antiken Gartenbauregeln wie die von Hesiod auf Pergament kopiert wurden. Kluge Köpfe wie Hildegard von Bingen fügten dem bald auch die Ergebnisse eigener Erfahrungen hinzu. Die Mönche und Gärtner entwickelten Techniken zur Veredelung von Obstbäumen und zur Erzeugung neuer Sorten. Einige dieser alten Sorten existieren noch heute.

In der Renaissance und im Barock wurden Obstgärten zu kunstvollen Gestaltungselementen in königlichen Anwesen und Herrenhäusern. Die Bäume wurden oft in geometrischen Mustern angeordnet, um ästhetische Effekte zu erzielen.

Schon zuvor hatten Gärten auch den Ruf, Stätten des Liebesgeflüsters inmitten von Blumenpracht, süßen Früchten und Vogelgezwitscher zu sein. Je besser es den Menschen ging, desto selbstverständlicher wurde das Obst und das Gemüse, das der Garten produzierte, und umso wichtiger wurden die Blumen: einfach Schönheit, ohne anderen Zweck.

## Die Obstarten und ihre Einteilungen

In der Botanik, wie auf den vorherigen Seiten ausführlich erklärt, wird von Obst gesprochen, wenn es um Pflanzensamen oder Früchte geht, die üblicherweise roh verspeist werden und angenehm süß oder sauer schmecken. Nach dieser Definition wären etwa auch Zucchini oder Gurken, die ja meistens als Gemüse betrachtet und bezeichnet werden, Obst. Obstarten umfassen also eine breite Palette von Früchten, die von verschiedenen Pflanzen stammen und sich in Größe, Geschmack und Textur unterscheiden.

### Die einzelnen Obstarten werden im Allgemeinen wie folgt unterschieden:

- ◊ **Steinobst**
- ◊ **Nussfrüchte · Schließfrüchte · Schalenfrüchte**
- ◊ **Beerenobst**
- ◊ **Kernobst**
- ◊ **Zitrusfrüchte**
- ◊ **Tropische Früchte**

Eine weitere Kategorie ist die **Sammelfrucht**. Dabei handelt es sich um Früchte, die aus einer Ansammlung von kleinen, individuellen Fruchteinheiten bestehen, die in einer gemeinsamen Struktur zusammengehalten werden. Jede dieser Einzelfrüchte wird als Sorose oder Druse bezeichnet. Diese Einzelfrüchte können unabhängig voneinander reifen und sich entwickeln, aber sie sind in einer größeren, gemeinsamen Fruchtstruktur vereint. Zu den Sammelfrüchten gehören zum Beispiel die Ananas, der Granatapfel oder die Feige.

# Steinobst

Als **Steinobst** werden Früchte bezeichnet, die, anders als Kernobst, nur einen einzigen, größeren holzigen Kern ummanteln. Der Kern ist gleichzeitig der Samen. Ihr Fruchtfleisch ist saftig. Die meisten Steinobstgewächse gehören zur Gattung *Prunus*, viele Arten zählen zu den Rosengewächsen. Zum Steinobst gehören unter anderem **Süß-** und **Sauerkirschen**, **Pfirsiche**, **Nektarinen**, **Mirabellen**, **Renekloden**, **Zwetschgen** und andere **Pflaumen**. Eine Unterkategorie der Steinobstfrucht ist die **Sammelsteinfrucht**, hierzu zählen etwa Himbeeren und Brombeeren.
Steinobstfrüchte gelten als die Diven unter den Sommerfrüchten, denn sie mögen es nicht, gelagert zu werden, weil sie leicht Druckstellen bekommen.
Weitere Steinfruchtsorten, die wieder anderen Pflanzengattungen angehören, sind etwa **Oliven**. Die exotischeren Früchte des Steinobstes wie etwa **Mangos** oder **Datteln** werden gesondert im Kapitel **Tropische Früchte** vorgestellt.

# Kirschen

Sommerzeit ist Kirschenzeit. **Kirschen** gehören zur Gattung *Prunus* in der Familie der Rosengewächse (*Rosaceae*). Von ihrer Wildform, der im Kaukasus vorkommenden **Vogelkirsche** (*Prunus avium*), leiten sich die Zuchtformen der hartfleischigen hellroten **Knorpelkirsche** (*Prunus avium duracina*) sowie der weichfleischigen dunkelroten **Herzkirsche** (*Prunus avium juliana*) ab, die im Allgemeinen als **Süßkirschen** bezeichnet werden. Die beliebten **Knorpelkirschen** werden übrigens auch Knupperkirschen genannt. Flächenmäßig ist der Anbau von Süßkirschen in Deutschland nach den Äpfeln der zweitgrößte Baumobstanbau. Die Kirschsaison startet in Europa im Mai mit den ersten süßen Sorten. Anfang Juli kommen dann die Sauerkirschen auf den Markt. Die Hauptsaison endet im August. Kirschen haben eine glatte gelbrote bis schwarzrote Haut mit saftigem Fruchtfleisch und sitzen meist paarweise an den Zweigen. Die fein säuerliche **Sauerkirsche** (*Prunus cerasus*), auch Weichselkirsche genannt, wird fast in der gesamten Nordhalbkugel als Obstbaum angebaut, als echte Wildkirsche kommt sie nicht vor. Die bekannteste Sauerkirschsorte ist die dunkelrote **Schattenmorelle**. Geschätzt wird, dass es etwa zweihundert Sauerkirsch- und fünfhundert Süßkirscharten gibt.

Eine bekannte Redewendung zu Kirschen lautet: *Mit dem ist nicht gut Kirschen essen*, sprich, mit der Person ist schwer auszukommen. Die Redewendung soll aus dem Mittelalter stammen, als Kirschen noch sehr selten und teuer waren. Nur Gutsituierte konnten sich die süßen Früchte leisten und trafen sich zum gemeinsamen Kirschenessen. Entdeckten sie in der Runde jedoch uneingeladene Gäste oder solche, die ihnen nicht fein genug waren, bespuckten sie diese mit Kirschkernen und -stielen, bis sie wieder verschwunden waren – mit denen war einfach nicht gut Kirschen essen.

Eine beliebte englische Redewendung lautet *Life is just a bowl of cherries*. Die Interpretation bleibt Ihnen, liebe Leser:innen, selbst überlassen.

**Herzkirsche** (Prunus avium juliana)

**Sauerkirsche** (Prunus creasus),
*Weichselkirsche/Schattenmorelle*

**Knorpelkirsche** (Prunus avium duracina),
*Knupperkirsche*

Life is just a bowl of cherries

## Der Kirschbaum

*Achim von Arnim*

Der Kirschbaum blüht, ich sitze da im Stillen,
Die Blüte sinkt und mag die Lippen füllen,
Auch sinkt der Mond schon in der Erde Schoß
Und schien so munter, schien so rot und groß;
Die Sterne blinken zweifelhaft im Blauen
Und leiden's nicht, sie weiter anzuschauen.

## Pflaumen · Mirabellen · Zwetschgen

Die **Pflaume** oder *Prunus domestica* gehört zur Gattung *Prunus* in der Familie der Rosengewächse (*Rosaceae*). Die Früchte variieren je nach Sorte in Größe, Form und Farbe sehr stark. So kommt zwischen schwarz, blauschwarz, blau, blaurot, violett, rot, gelb und gelbgrün eine große Bandbreite an Farben vor. Das Fruchtfleisch der Pflaumen ist süß bis herb und sehr saftig.

Die ursprünglich aus Kleinasien stammende Pflanze wurde in Griechenland bereits vor 2500 Jahren nachweislich kultiviert und kam im 2. Jahrhundert v. u. Z. nach Italien. Schon vor 2000 Jahren empfahl sie der römische Dichter Martial als sanftes Abführmittel: *Nimm Pflaumen für des Alters morsche Last, denn sie pflegen zu lösen den hartgespannten Bauch.* Dass Pflaumen und Zwetschgen systematisch in Mitteleuropa angebaut wurden, soll auf Karl den Großen zurückgehen.

Die leuchtend gelbgrüne Sommerfrucht **Mirabelle** wiederum (*Prunus domestica* subsp. *syriaca*) ist eine Unterart der Pflaume und wird auch **Gelbe Zwetschge** genannt. Ihre kirschgroßen kugeligen Früchte bestechen durch feinen Duft und fruchtig würziges Aroma. Die Mirabelle wird in Mittel- und Südeuropa sowie in Nordafrika angebaut.

Die **Echte Zwetschge** (*Prunus domestica* subsp. *domestica*) ist eine weitere Unterart der Pflaume und wird in Europa, Westasien, Nordamerika sowie Nord- und Südafrika angebaut. Im Gegensatz zu anderen Pflaumenarten löst sich bei reifen Zwetschgen der Stein leicht vom Fruchtfleisch. Die Zwetschge hat eine länglich-ovale plattrunde Form mit spitzen Enden. Die blauschwarze Zwetschge hat im Gegensatz zu anderen Pflaumen eine »Naht«. Das Fruchtfleisch der Zwetschge ist sehr saftig, süß, aromatisch und weißlich bis grün.

**Mirabelle** (Prunus domestica subsp. syriaca)
*Gelbe Zwetschge*

**Echte Zwetschge**
(Prunus domestica subsp. domestica)

## Pfirsiche · Aprikosen · Nektarinen

Auch der **Pfirsich** (*Prunus persica*) gehört zur Gattung *Prunus*. Die Frucht der verbreitetsten Sorte des Pfirsichs ist rund oder spitz zulaufend mit gelbroter, samtiger flaumig behaarter Haut, das Fruchtfleisch kann gelb, weiß oder rot sein. Reife runde Früchte sind sehr saftig, süß und aromatisch. Sie haben zwischen Mai und September Saison. Schon im 5. Jahrhundert v. u. Z. wurden Pfirsiche in China angebaut. Von dort kam der Pfirsich über Persien nach Europa und dann nach Amerika. Der **Plattpfirsich** (*Prunus persica var. platycarpa*), auch Berg- oder Wildpfirsich genannt, ist eine Mutation des Pfirsichs und unterscheidet sich nicht nur in der Form, sondern auch im Geschmack: Das weiße Fruchtfleisch ist besonders süß und aromatisch. Pfirsiche und **Aprikosen** (*Prunus armeniaca*) sind eng miteinander verwandt. Anders die **Nektarine** (*Prunus persica var. nucipersica*), denn sie ist keine Variante, sondern eine echte Mutante des Pfirsichs. Die Nektarine unterscheidet sich vom Pfirsich unter anderem durch ihre komplett glatte Haut. Ihr Geschmack kann eine leicht säuerliche Note aufweisen. Auch die **Aprikosen** stammen aus Ostasien, vermutlich aus dem nördlichen China, sie sind jedoch deutlich kleiner als Pfirsiche und haben meist eine eher glatte Haut. Weiterhin weisen sie eine »Naht« auf, die rund um die Frucht verläuft und diese in zwei Hälften teilt. Aprikosen sind gelb bis orange mit weißlichem, gelblichem oder orangefarbenem Fruchtfleisch, das süß-aromatisch schmeckt, aber nicht sehr saftig ist. Ihr Stein lässt sich leicht vom Fruchtfleisch lösen.

## Fülle

*Conrad Ferdinand Meyer*

Genug ist nicht genug! Gepriesen werde
Der Herbst! Kein Ast, der seiner Frucht entbehrte!
Tief beugt sich mancher allzu reich beschwerte,
Der Apfel fällt mit dumpfem Laut zur Erde.

Genug ist nicht genug! Es lacht im Laube!
Die saftge Pfirsche winkt dem durstgen Munde!
Die trunknen Wespen summen in die Runde:
»Genug ist nicht genug!« um eine Traube.

Genug ist nicht genug! Mit vollen Zügen
Schlürft Dichtergeist am Borne des Genusses,
Das Herz, auch es bedarf des Überflusses,
Genug kann nie und nimmermehr genügen!

# Oliven

Oliven sind die Steinfrüchte aus der Gattung des Echten Ölbaums (*Olea europaea*), der ursprünglich aus Asien kommt. Standardmäßig sind alle Oliven grün, bevor sie eine bräunliche, dunkelviolette, blauschwarze oder schwarze Farbe annehmen. Eine kleine Kuriosität: Oliven können auch weiß sein! In mehreren Mittelmeerländern werden einige alte und sehr alte Olivensorten kultiviert, die weiße Früchte tragen. Oliven sind länglich bis kugelig. **Grüne Oliven** sind knackiger und haben ein frisches Aroma. **Schwarze Oliven** sind dagegen oft weicher und etwas würziger im Geschmack.
Es dauert viele Jahre, bis ein neugepflanzter Ölbaum Früchte trägt. Dafür werden Olivenbäume alt. Sehr alt! Der älteste Olivenbaum der Welt ist auf Kreta zu finden und soll zwischen dreitausend und viertausend Jahre alt sein. Sehr viele Olivenbäume im Mittelmeerraum sollen über tausend Jahre alt sein.
Im antiken Griechenland wurde der Olivenbaum als Geschenk der Götter an die Menschen betrachtet. Er symbolisierte Weisheit, Fruchtbarkeit, Ehre, Freiheit sowie ein langes Leben. Über die Tür eines Hauses, in dem gerade ein Kind geboren worden war, wurde ein Olivenzweig gehängt.

In der biblischen Geschichte 1. Mose, Kap. 8 schickt Noah eine Taube von seiner Arche aus, die mit einem frischen Olivenzweig im Schnabel zurückkehrt. Das signalisierte, dass die Olivenbäume wieder ausschlugen, weil das Wasser zurückgegangen und somit Leben auf die Erde zurückgekehrt war. Die Taube mit dem Olivenzweig wurde zum Symbol des Friedens.
Im Islam gilt der Olivenbaum als ein Symbol für Weisheit.
Und auf der Flagge der UN umarmen zwei Ölzweige den Globus. Das symbolisiert das Ziel der UNO, nämlich sich weltweit für Frieden und die Beseitigung von Hunger und Armut einzusetzen.

# Nussfrüchte • Schließfrüchte • Schalenfrüchte

Der botanische Begriff **Nussfrüchte** bezieht sich auf die Kategorie von Früchten mit einer harten verholzten Schale, die den Samen, das essbare Innere, schützt. Es handelt sich dabei um sogenannte **Schließfrüchte**. So werden Früchte bezeichnet, die in geschlossenem Zustand von der Pflanze abfallen und sich auch noch nicht öffnen, wenn sie schon reif sind. Zu den Schließfrüchten gehören neben den Nussfrüchten unter anderem auch **Beeren** (s. S. 39) und **Steinfrüchte** (s. S. 19). Bei Steinfrüchten ist nur die innere Fruchtwand verholzt und außen vom Fruchtfleisch umgeben.
Die Schale der Nussfrüchte ist je nach Art sehr unterschiedlich, sie kann dünn und glatt oder dick und stachelig sein. Einige Nussfrüchte entwickeln sich aus einer einzelnen Blüte und einem einzigen Fruchtblatt, so etwa die Haselnuss. Sie wächst in einer harten Schale, die aus einer bräunlichen Hülle und einer inneren, verholzten Schale besteht, die die eigentliche Nuss umgibt, daher zählt sie zu den **Einzelfrüchten**.
Andere Nussfrüchte entstehen aus mehreren Fruchtblättern, die zu einer komplexeren Struktur zusammengefügt sind, so etwa die Walnuss, die eine äußere grüne Schale und eine innere verholzte Schale hat, daher zählt sie zur Art der **Zusammengefügten Früchte**.
Im Handel werden Nussfrüchte allgemein als **Schalenfrüchte** bezeichnet.
Im alltäglichen Sprachgebrauch schließt der Begriff **Nuss** Samen oder Früchte ein, die streng genommen keine botanischen Nüsse sind, wie etwa die **Erdnuss**, bei der es sich nicht um eine Nussfrucht, sondern um eine **Hülsenfrucht** handelt.

## Zur großen Familie der Nussfrüchte werden unter anderem folgende Früchte gerechnet:

**Cashewkerne**, auch Chashewnüsse genannt, stammen aus Brasilien. Am unteren Ende der paprikaähnlichen Cashewfrucht hängt jeweils ein nierenförmiger Kern, den wir als Nuss genießen. Sie sind für ihren milden süßen, nussigen und leicht buttrigen Geschmack bekannt.
**Haselnüsse** stammen ursprünglich aus Vorderasien und können am Bäumchen oder Strauch wachsen und zählen wie die Walnuss zu den echten Nüssen. Am besten entfalten Haselnüsse ihr köstliches Aroma, wenn sie geröstet wurden.
**Edelkastanien** sind seit der Antike aus dem Mittelmeerraum bekannt. Ihre Früchte, meistens Maronen genannt, werden gekocht, geröstet oder gebacken. Roh schmecken sie herb, gegart haben sie eine schön nussige, etwas süßliche Geschmacksnote.
**Macadamianüsse** stammen aus Australien, haben eine sehr harte Schale und sind für ihren reichen, buttrigen Geschmack bekannt.
**Mandeln** stammen vermutlich aus Südwestasien, besonders beliebt sind sie in der Levante. Ihr mildes Aroma ist einfach köstlich. Es gibt süße Mandeln und Bittermandeln, sie werden gern für süße Leckereien wie Stollen, Marzipan oder Mandelmakronen eingesetzt.

**Paranüsse** stammen aus den tropischen Regenwäldern Südamerikas und haben eine dicke holzige Schale. Sie werden auch Brasilnuss, Brasilkastanie, Amazonenmandel oder Tucanuss genannt. Sie haben einen feinen mandelartigen, leicht süßen Geschmack.
**Pekannüsse** stammen aus Nordamerika und Mexiko. Es sind Früchte des Hickorybaumes, der eng mit dem Walnussbaum verwandt ist. Sie haben eine dünne Schale und sind für ihren süßen milden Geschmack bekannt.
**Pistazien** gehören zu den ältesten blühenden Kulturpflanzen und stammen aus dem Nahen Osten. Diese aromatischen Steinfrüchte schmecken süßlich, mit einer feinen nussigen und mandeligen Note.

*Edelkastanien*

*Pistazien*

*Haselnüsse*

*Mandeln*

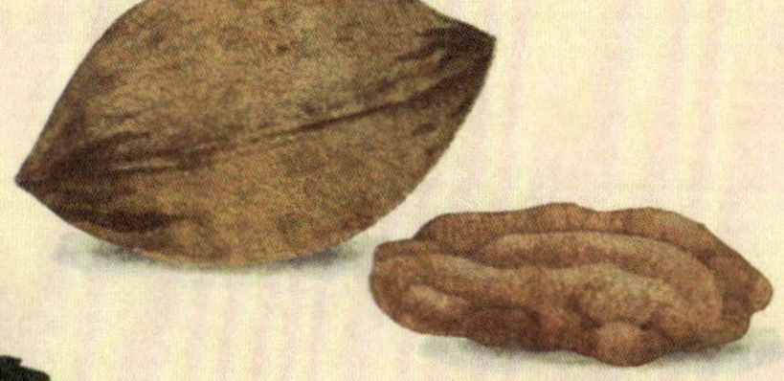

*Pekannüsse*

**Echte Walnüsse** haben eine äußere grüne Schale, die entfernt werden muss, um die harte Nussschale zu erreichen. Sie sind unter anderem reich an Omega-3-Fettsäuren und schmecken aromatisch und ganz leicht herb.

*Echte Walnüsse*

*Macadamianüsse*

*Cashewkerne*

*Paranüsse*

## Am Hasel die Äste

*Johann Meyer*

Am Hasel die Äste
Saßen voller Blüten und Quäste,
Kamen die kleinen Gäste
Und brachen munter
Sich die hübschen Pfeifen mit den Troddeln herunter.

Wenn nach solchem Schinden,
Nun die Früchte reifen,
Keine Nüsse zu finden,
Kannst du's begreifen?

# Beerenobst

Botanisch gesehen sind **Beeren** Früchte, die aus einer einzigen Blüte entstehen, die aus einem einzigen Fruchtknoten stammt. Beim Beerenobst ist die gesamte Fruchtwand fleischig oder saftig, sie kann dick oder dünn sein. Und Beeren enthalten normalerweise mehrere Samen, die in der saftigen Fruchtwand eingebettet sind – die Anzahl variiert je nach Beerensorte stark.

## Die folgende Liste enthält Früchte, die botanisch gesehen als Beeren klassifiziert werden:

Die **Avocado** ist eine Beere mit einer dicken essbaren Fruchtwand und einem einzelnen großen Samen.
**Bananen** sind Beeren mit einer weichen saftigen Fruchtwand und winzigen Samen.
**Cranberries** gehören botanisch betrachtet zu den Beeren, da sie eine saftige Fruchtwand und eine harte äußere Schale haben. Sie werden auch Moosbeere oder Kranichbeere genannt.
**Gurken** werden botanisch als *Pepo* klassifiziert, was eine spezielle Form der Beere ist. Andere Beispiele für Pepos sind Kürbisse, Melonen und Zucchini.
**Heidelbeeren** sind botanisch gesehen Beeren, da sie eine saftige Fruchtwand und mehrere kleine Samen haben.
**Himbeeren und Brombeeren** erfüllen alle botanischen Kriterien einer Beere, auch wenn sie in Form und Größe von dem abweichen, was wir normalerweise als Beere bezeichnen.
**Kiwifrüchte** sind tropische Stachelbeeren mit einer dünnen, haarigen Schale, einer saftigen Fruchtwand und vielen winzigen Samen.
**Paprikaschoten** werden als Beeren betrachtet, weil sie eine fleischige Fruchtwand und mehrere Samen enthalten.
**Tomaten** sind botanisch gesehen ebenfalls Beeren, da sie eine saftige Fruchtwand und viele kleine Samen haben.
**Trauben** sind Beeren, da sie eine saftige Fruchtwand und mehrere Samen haben.
**Wassermelonen, Honigmelonen** und andere **Melonensorten** sind Beeren, da sie eine dicke saftige Fruchtwand und viele Samen enthalten.
Die **Passionsfrucht** ist eine Beere mit einer harten Schale, einer gelartigen saftigen Fruchtwand und sehr vielen Samen.

*Eduard Mörike*

Schöne reife Beeren
Am Bäumchen hangen:
Nachbar, da hilft kein
Zaun um den Garten;
Lustige Vögel
Wissen den Weg.

## Erdbeeren

Die Erdbeere ist eine sehr beliebte Frucht, die auch eine relativ große kulturelle Bedeutung hat, denn sie wird mit Frische, Frühling und Süße assoziiert und ist Symbol zarter Erotik und Sinnesfreude. Der Beatles-Song *Strawberry Fields Forever* ist wiederum ein melancholisch-verträumter Rückblick auf John Lennons Jugend in Liverpool.

Erdbeeren gehören zur Gattung *Fragaria* in der Familie der Rosengewächse (*Rosaceae*). Es gibt verschiedene Arten von Erdbeeren, darunter Wildformen und kultivierte Sorten. Tatsächlich sind Erdbeeren trotz ihres Namens keine »echten« Beeren im Sinne der botanischen Definition, die wir zuvor auf S. 39 erläutert haben. Erdbeeren gehören zu einer Gruppe von Früchten, die als **Sammelnussfrüchte** oder **Sammelsteinfrüchte** bezeichnet werden. In dieser Klassifizierung bilden die kleinen schwarzen fleischigen Nüsschen auf der Oberfläche der Erdbeere die eigentlichen Früchte, während der Rest der Erdbeere (also der rote saftige Teil, den wir so gerne essen) aus dem vergrößerten Blütenboden und nicht der Fruchtwand besteht.

## Erdbeerlese

*Hoffmann von Fallersleben*

Welch Entzücken! Erdbeer'n suchen
Und im Schatten bei den Buchen
Auf den Matten Erdbeer'n pflücken!
Wollt's uns glücken! welch Entzücken!

## Der Erdbeermund

*Paul Zech nach François Villon*

Ich bin so wild nach deinem Erdbeermund,
ich schrie mir schon die Lungen wund,
nach deinem weißen Leib, du Weib.

Rot wie die Liebe, süß wie die Sünde

## Erdbeeren

Wenn jemand zu uns kommt und uns erzählt, auf dem Mond wachsen Erdbeeren, beginnen wir sofort, ihn davon zu überzeugen, dass dies doch nicht möglich sei, anstatt uns zu fragen, warum ihm solch Absonderliches einfiele, unsere Aufmerksamkeit zu erlangen.

*Sigmund Freud*

## Himbeeren

Himbeeren gehören zur Gattung *Rubus* innerhalb der Familie der Rosengewächse (*Rosaceae*). Ursprünglich stammen Himbeeren aus Südeuropa, doch inzwischen wachsen sie auch im mittleren und nördlichen Europa sowie in Nordamerika und Asien wild. Es gibt verschiedene Arten von Himbeeren, darunter die bekannten rotfleischigen und auch schwarze oder gelbe Sorten. Himbeeren wachsen als mehrjährige Pflanzen, die in der Regel buschig oder rankend sind. Die Früchte sind Aggregate von sogenannten **Sammelsteinfrüchten** oder

**Sammelnussfrüchten**, wobei jede kleine saftige Einheit auf der Frucht als Nuss bezeichnet wird. Wildhimbeeren finden sich oft bei uns an Waldrändern oder in lichten Gebüschen. Sie bestechen mit einem feinen mild-säuerlichen einmaligen Aroma.

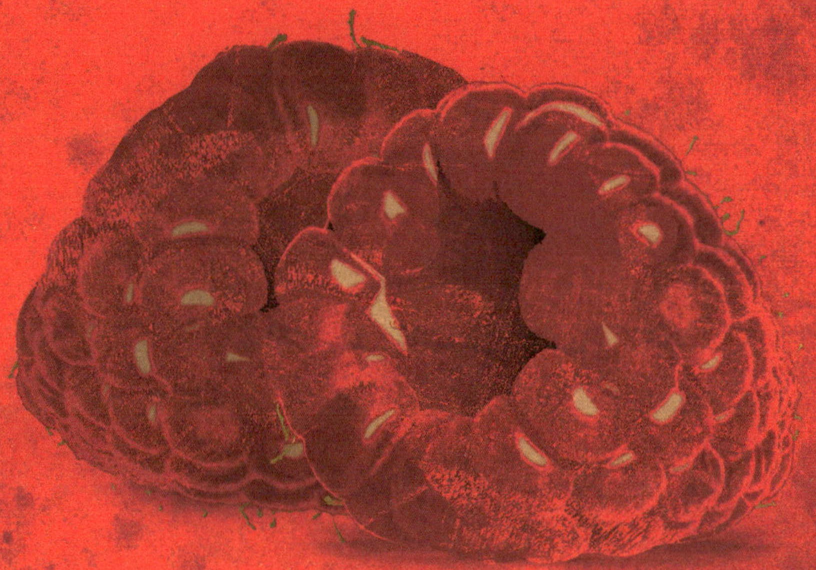

## Goblin Market

*Christina Rossetti*

Morgens und abends,
Mägde hörten die Kobolde schreien:
»Kommt, kauft unsere Obstgartenfrüchte,
Kommt und kauft:
Äpfel und Quitten,
Zitronen und Orangen, pralle, ungepickte Kirschen,
Melonen und Himbeeren, rotwangige blühende Pfirsiche,
Schwarzköpfige Maulbeeren,
Wilde freigeborene Preiselbeeren,
Holzäpfel, Kroatzbeeren,
Ananas, Brombeeren,
Aprikosen, Erdbeeren;
Alle zusammen reif
Im Sommerwetter,
Morgenstunden, die vorüberziehen,
Schöne Abende, die verfliegen;
Kommt, kauft, kommt, kauft:
Unsere Trauben frisch vom Weinstock,
Granatäpfel voll und fein,
Datteln und scharfe Schlehen,
Seltene Birnen und Renekloden,
Zwetschgen und Blaubeer'n,
Kostet sie, kostet nur:
Johannisbeeren und Stachelbeeren,
Glühende Berberitzen,
Leuchtend wie Feuer,
Feigen, die deinen Mund füllen,
Zitronen aus dem Süden,
Süß für die Zunge und eine Freude fürs Auge;
Kommt, kauft, kommt, kauft.«

## Heidelbeeren oder Blaubeeren

Die Heidelbeere (*Vaccinium myrtillus*), auch Blaubeere, Schwarzbeere, Wildbeere oder Waldbeere genannt, gehört zur Familie der Heidekrautgewächse (*Ericaceae*) und ist auch botanisch eine Beere. Verbreitet sind die Wildheidelbeeren vorwiegend auf der Nordhalbkugel in den gemäßigten und in nördlicheren Zonen. Früher wurden sie in lichten Wäldern gesammelt, heute werden sie jedoch in großen Plantagen angebaut. Die Farbe des Fruchtfleisches geht in der Regel von hell-violett über dunkel-violett bis dunkelblau. Mit ihrem relativ festen Fruchtfleisch und ihrer prallen dunkelblauen Schale schmeckt die Heidelbeere schön knackig und süß mit nur wenig Säure.

Die sinnliche Qualität von Blaubeeren dient seit Langem der Inspiration für Schriftsteller:innen und Dichter:innen. So werden sie in der Literatur oft als Symbol für die Natur, die Vergänglichkeit und die Kindheit verwendet.

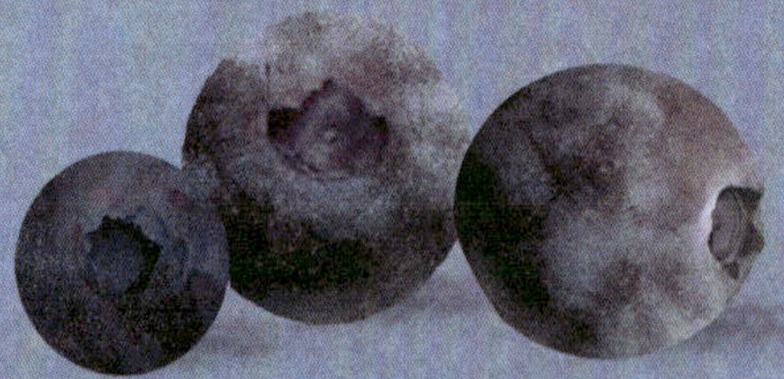

## Blaubeer'n

*Gila Grün*

Im Wald, wo Bäume leise rauschen,
Und sich am Boden Beeren bauschen,
Dort lädt zum Pflücken die Blaubeer ein.
Blau wie der Himmel, rund und klein,
Geschenk der Natur, so süß und rein,
locken die Blaubeer'n mit ihrem Schein.
Mit sanftem Geschmack, so tief und mild,
die Blaubeer als Bote des Glückes gilt.

## Die Erdbeeren

*Johann Gottfried Herder*

Holde Erdentöchter,
Frühlings frühe Kinder,
Schon aus Sonnenvaters
Warmem Lebenshauche
Und aus Mutter-Erden
Kühlem Schooß empfangen,
Kühle, süße Beeren!

Wie sie dort im Grase
Hügelaufwärts glühen
Und ins Grün erröthen,
Jetzt den Wandrer lieblich
Locken, jetzt entschlüpfend
Täuschen – Buhlerinnen,
Wie die Erdentöchter!

Ha, wie Vater Frühlings
Odem sie durchbalsamt,
Und der Mutter Erde
Kühle sie erfrischet!
Wie aus niederm Grase
Labung auf sie duften!
Glühen da wie Sterne!

Sollet bald in Schaaren
Lieblich schwimmen! – Sterne,
Jetzt in weißer Unschuld,
Jetzt in goldnem Feuer
Schöngepaaret! Feuer,
Unschuld! und der Liebe
Und der Freude Töchter!

Mir ein ganzer Frühling,
Mir ein ganzes Leben!
Unschuld, Kraft und Freude,
Kühl' und Süße! Rose
Ohne Stachel, Labung
Ohne Felsenschlaube!
Schön und tief im Grase!

Mir ein ganzer Frühling,
Mir ein Duft aus Eden!
Als einst Paradieses
Sel'ge Fluren schwanden,
Waren's Manns Gebete,
Waren's Eva's Thränen,
Die zu Duft da blieben?

Oder bracht' ein Bruder-
Engel Euch hinieden
In die Wilde? – Labung
Wo dem matten Wandrer
Zu bereiten, Labung,
Als er, halb verschmachtet,
Traurig abwärts blickte?

Kommt dem matten Wandrer
Auch in wüster Wilde
Labung! Wenn er traurig
Pfadverloren abwärts
Blicket – dann erscheint ihm
Kühle, Labung, ferner
Rosenduft aus Eden!

## Stachelbeeren

Stachelbeeren gehören zur Gattung *Ribes* in der Familie der Stachelbeergewächse (*Grossulariaceae*). Es gibt verschiedene Arten, darunter europäische Stachelbeeren (*Ribes uva-crispa*) und amerikanische Stachelbeeren (*Ribes hirtellum*). Ihren Namen verdanken sie den Dornen oder Stacheln auf ihren Trieben. Botanisch gesehen sind sie **Beeren**, die meist rund oder oval und mit Flaumhaaren bedeckt sind. Stachelbeeren können verschiedene Farben haben, von grün über gelb bis zu rot oder sogar violett, abhängig von der Sorte. Die Frucht hat eine weiche saftige Fruchtwand, die die zahlreichen Samen umgibt.

Die Stachelbeere stammt aus dem Westhimalaya und Südeuropa. In Mitteleuropa wird sie seit dem 16. Jahrhundert angebaut. Inzwischen finden wir sie in allen mittelwarmen Klimazonen der Welt. Die Stachelbeere wird ab Mai oder Juni bis in den August hinein geerntet. Sie schmeckt je nach Reifezustand ziemlich sauer bis säuerlich-süß – das liegt an ihrem hohen Gehalt von Apfel- und Zitronensäure.

## Zum Geburtstag der Frau Griesbach

*Friedrich Schiller*

Es wachsen fast dir auf den Tisch
Die Spargel und die Schoten;
Die Stachelbeeren blühen frisch,
Und so die Reineclauden.

Bei Stachelbeeren fällt mir ein,
Die schmecken gar zu süße;
Und wenn sie werden zeitig sein,
So sorge, dass ich's wisse.

## Trauben

**Weintrauben** gehören zur Familie der Rebengewächse. Die einzelnen Beeren wachsen an der namensgebenden Traube heran. Die einzelnen Früchte des Fruchtstandes heißen eigentlich **Weinbeeren**. Botanisch gesehen handelt es sich jedoch nicht um eine Traube, sondern um eine Rispe. Es gibt Weinreben (*Vitis*) mit grünen beziehungsweise gelben Beeren, die weiße Beeren genannt werden, und solche mit roten bis dunkelblauen, genannt rote Beeren. Die Beeren sind meistens kugelig bis oval und sind sechs bis 20 Millimeter dick und, je nach Sorte, mit oder ohne Kerne.
Die Kletterpflanze **Weinrebe** ist eine der ältesten Kulturpflanzen überhaupt. Ursprünglich stammt sie wohl vom Schwarzen und Kaspischen Meer, wird heutzutage jedoch auf der ganzen Welt angebaut, bekannt sind etwa 16 000 Rebsorten. Hauptsaison der europäischen Tafeltraube ist von Juli bis November. Weintrauben schmecken süß bis süß-säuerlich und sehr aromatisch. Blaue Sorten enthalten mehr Säure als helle. Sie werden roh gegessen, zu Rosinen getrocknet sowie zu Saft, Wein, Champagner und Branntwein verarbeitet. Ein sehr bekannter Tresterbrand ist der italienische Grappa.

Zu Trauben, Wein und Champagner gibt es unzählige Redensarten. Diese von Johann Wolfgang Goethe gehört sicherlich zu den bekanntesten in Deutschland: *Das Leben ist viel zu kurz, um schlechten Wein zu trinken.* Zu den bekanntesten in Frankreich gehört das folgende Bonmot von Coco Chanel: *Ich trinke Champagner nur bei zwei Gelegenheiten: Wenn ich verliebt bin und wenn ich es nicht bin.*

Die Rebe ist ein
Sonnenkind – sie liebt
den Berg und hasst den Wind.

## Gurken

Die Gurke (*Cucumis sativus*) stammt ursprünglich aus Südasien. Sie wird weltweit in verschiedenen Klimazonen angebaut und ist eine der am häufigsten verzehrten Gemüsesorten. Botanisch handelt es sich um eine **Beere**. Bei Gurken entwickelt sich die Blüte zu einer Frucht, die aus dem Blütenboden wächst. Es gibt verschiedene Sorten von Gurken, darunter **Salatgurken**, **Einlegegurken** und **Schlangengurken**.

Es handelt sich um längliches oder zylindrisches Gemüse mit einer glatten grünen Schale. Es gibt jedoch auch Sorten mit gelber oder weißer Schale. Das Innere der Gurke besteht aus saftigem, wasserreichem Fruchtfleisch und winzigen essbaren Samen.

*Es ist mal wieder Saure-Gurken-Zeit.*

Der Begriff ist erstmals im 18. Jahrhundert nachgewiesen. Woher er kommt, ist umstritten. Eine Erklärung lautet wie folgt: Die berühmten Spreewaldgurken kamen in Berlin meist im Spätsommer frisch eingelegt auf den Markt, also genau zu der Zeit, in der die Geschäfte saisonbedingt in der Regel nicht sonderlich gut liefen.

Eine andere Erklärung besagt: Wenn in der kargen Winterzeit nur wenige Nahrungsmittel zur Verfügung standen, konnte man unter anderem auf sauer eingelegte Gurken zurückgreifen. Dieser Erklärung folgend bezeichnet die »Saure-Gurken-Zeit« also einen Zeitraum, in dem auf Vieles verzichtet werden muss.

## Kürbisse

Der Kürbis ist eine Pflanze aus der Familie der Kürbisgewächse (*Cucurbitaceae*) und bezeichnet sowohl die Pflanze selbst als auch die Frucht, die von dieser Pflanze stammt. Der Kürbis gehört zur Gattung *Cucurbita* und wird als **Panzerbeere** klassifiziert. Eine Panzerbeere ist eine spezielle Art von Frucht, die eine harte und dicke Schale oder Rinde hat.

Es gibt verschiedene Arten von Kürbissen, darunter der **Gartenkürbis** (*Cucurbita pepo*), der **Hokkaidokürbis** (*Cucurbita maxima*), der **Butternutkürbis** (*Cucurbita moschata*) und der **Riesenkürbis** (*Cucurbita maxima*). Kürbisse werden in vielen Teilen der Welt angebaut. Sie sind einjährige Pflanzen, die in warmen Klimazonen am besten gedeihen.

Die Domestizierung von Kürbissen hat eine sehr lange Geschichte. Es wird vermutet, dass das bereits vor mehr als 5000 Jahren geschehen ist – und zwar in verschiedenen Teilen der Welt unabhängig voneinander. Die *Drei Schwestern*, auch Milpa-Anbaumethode genannt, bei der Kürbisse, Mais und Bohnen gemeinsam angebaut werden, sind ein interessantes Beispiel für traditionelle landwirtschaftliche Praktiken, die Pflanzen voneinander profitieren lassen. Die Bohnen ranken sich an den Maisstängeln nach oben und bieten damit Stabilität, während die Kürbisranken den Boden bedecken und so Feuchtigkeit speichern.
Es ist schon beeindruckend, was für eine bedeutende Rolle Kürbisse im Laufe von Jahrtausenden in der menschlichen Ernährung und Kultur eingenommen haben, und zwar sowohl als Nahrungsquelle als auch in rituellen oder symbolischen Zusammenhängen.

So sind Kürbisse etwa als Halloween-Dekoration besonders in Nordamerika beliebt. Man schnitzt gruselige Gesichter in die Kürbisse, sogenannte *Jack-o'-Lanterns*, und stellt sie während der Halloween-Nacht vor die Tür. In vielen Ländern werden Kürbisse bei Erntedankfesten als Zeichen des Überflusses der Erntezeit geschätzt.
Besonders in England gibt es traditionelle Wettbewerbe darum, wer den größten Kürbis einer Saison gezogen hat.

*Johann Wolfgang Goethe*

Früchte bringet das Leben dem Mann; doch hangen sie selten
Rot und lustig am Zweig, wie uns ein Apfel begrüßt.

Kürbisranken schmiegten sich auf am veralteten Stamme.
Und schon krachte das Glied unter den Lasten der Frucht.

## Auberginen

Die Aubergine (*Solanum melongena*) ist eine Pflanze, die zur Familie der Nachtschattengewächse gehört. Obwohl die Aubergine als **Beere** klassifiziert wird, betrachtet man sie in der kulinarischen Welt als **Gemüse**. Sie stammt ursprünglich aus Indien und wurde im Laufe der Zeit in vielen Teilen der Welt kultiviert. Die Aubergine ist für ihre glänzende, violette, birnen- oder eiähnliche Form bekannt, obwohl es auch Sorten in anderen Farben wie etwa weiß, grün oder weiß gestreift gibt. Das Fleisch der Frucht ist zart, weißlich und hat einen milden, leicht bitteren Geschmack, die Samen sind im Inneren der Frucht verteilt. Sie wird auch Eierfrucht genannt. Die österreichische Bezeichnung Melanzani geht auf die italienische Bezeichnung *melanzana* zurück, die sich von *mele insane* ableitet, was ungesunde oder verrückte Frucht bedeutet, weil man sie bei der Einführung in Italien im 15. Jahrhundert für ungesund hielt; man glaubte jedoch gleichzeitig, sie sei aphrodisierend.

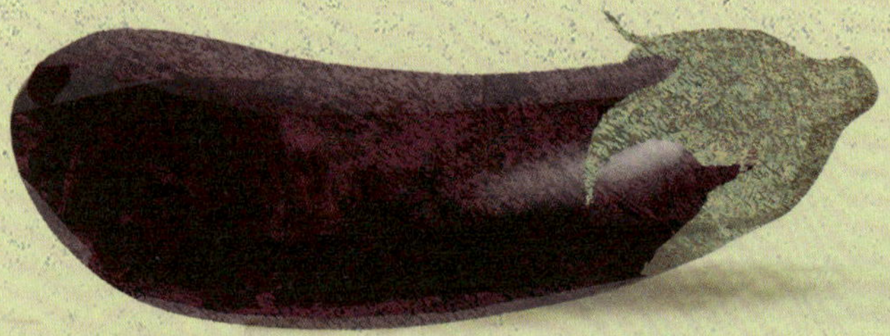

## Paprikaschoten

Die Paprikaschote (*Capsicum annuum*), auch einfach **Paprika** oder regional auch **Pfefferschote** genannt, ist eine vielseitige Frucht, die zur Familie der Nachtschattengewächse gehört. Obwohl auch sie als **Beere** klassifiziert wird, betrachtet man sie in der kulinarischen Welt als **Gemüse**. Sie stammt ursprünglich aus Mittel- und Südamerika. Paprikaschoten werden inzwischen weltweit in verschiedenen Farben, Formen und Größen angebaut. Die Pflanzen bilden grüne Blätter und produzieren charakteristische glockenförmige oder längliche Schoten, die in verschiedenen Farben reifen können, darunter Grün, Gelb, Orange, Rot und sogar Lila. Die Früchte variieren in Form und Größe, von kleinen scharfen Peperoni bis hin zu großen milden Paprika. Paprikaschoten haben im Allgemeinen einen milden, süßen bis leicht würzigen Geschmack. Grüne Paprikaschoten haben eine etwas herbere Note, während rote, gelbe und orangefarbene Schoten süßer sind. Neben den süßen Sorten gibt es auch extrem scharfe **Chilischoten** wie **Jalapeño**, **Cayenne** und **Habanero**. Paprikapulver wird als Gewürz verwendet und kann je nach Sorte süßlich-mild bis sehr scharf sein.

# Tomaten

Die Tomate (*Solanum lycopersicum*) gehört zu den Nachtschattengewächsen und botanisch betrachtet zu den **Beerenfrüchten**. Die ursprünglich aus Mittel- und Südamerika stammende Tomatenpflanze wurde seit dem 2. Jahrhundert u. Z. von den dort ansässigen Maya- und Aztekenstämmen angebaut. Sie wurde *xictomatl* genannt, was Schwellfrucht oder frei übersetzt Dickes Wasser heißt. Spanische Eroberer brachten die Tomate zunächst in andere europäische Kolonien in Mittel- und Südamerika, bevor die Pflanze in Europa heimisch wurde. Die ersten Beschreibungen der Tomate auf europäischem Boden bezeichnen die Früchte, die damals noch klein und gelb waren, als *pomi d'oro*, goldene Äpfel, und als *poma amoris*, Liebesapfel. Der Legende nach tauchte die Tomate erstmals in Italien auf, als Großherzog Cosimo de Medici 1548 in Florenz einen Korb voller Tomaten geschenkt bekam. Erst um 1900 wurde die Tomate in den meisten europäischen Ländern populär. Vom Anbau der Tomate in deutschen Gärten wird seit Beginn des 20. Jahrhunderts berichtet, die amtliche deutsche Warenstatistik nahm die Tomate erstmals 1914 in ihre Liste auf. Zu dieser Zeit waren besonders die Italiener für ihren Tomatenanbau und -verzehr bekannt. Das Königreich Italien, das mit Deutschland und Österreich-Ungarn verbündet war, trat aber nicht an deren Seite in den Ersten Weltkrieg ein, sondern schlug sich 1915 auf die Seite der Alliierten, und so galten die Italiener in Deutschland als unzuverlässig – daher soll der Ausdruck *Treulose Tomate* stammen.

Obwohl die Tomate, in Österreich **Paradeiser** genannt, als Gemüse gehandelt wird, ist sie, wie bereits erwähnt, botanisch gesehen eine **Beere** – also eine Frucht. Die Kontroverse, ob Obst oder Gemüse, führte in den späten 1800er Jahren in den USA zu einem Fall vor dem Obersten Gerichtshof (*Nix versus Hedden*). Es wurde darüber verhandelt, ob Tomaten von der Steuer zu befreien sind, die auf Gemüse erhoben wurde, da sie botanisch nun mal als Früchte gelten! Das Gerichtsverfahren endete 1893 damit, dass die Klassifizierung von Tomaten als Gemüse nicht geändert wurde – und so ist es bis heute geblieben.

Weltweit gibt es mehr als 10 000 Tomatensorten, und auch in deutschen Läden werden immer mehr unterschiedliche Sorten angeboten. So gehören folgende Sorten inzwischen zum Standardsortiment: **Cocktailtomaten**, **Cherrytomaten**, **Pflaumentomaten**, auch **Eier-** oder **Flaschentomaten** genannt, **Roma-** oder **San-Marzano-Tomaten**, **Fleischtomaten** und **Ochsenherztomaten**. In Deutschland werden pro Kopf und Jahr im Schnitt sage und schreibe 30 Kilo Tomaten gegessen.

# Kernobst

**Das Kernobst** zeichnet sich dadurch aus, dass es ein Kerngehäuse besitzt. In diesem finden sich die Samen der Früchte. Auch wenn der Apfel zum Kernobst zählt, ist das Wort **Apfelfrucht** unabhängig von der Obstsorte. Apfelfrucht bezeichnet beim Kernobst die Frucht, die das Gehäuse umschließt. Auch das Kernobst gehört übrigens zur Familie der Rosengewächse, doch die weichen Samenkerne besitzen im Gegensatz zu den verholzten Steinobstkernen keine fest umschließende und mehr oder minder verholzte Kapsel, sondern ein bastartig elastisches Samengehäuse, in dem sie stecken.

## Prominente Vertreter sind:

◊ **Äpfel**

◊ **Birnen**

◊ **Quitten**

◊ **Mispeln**

◊ **Hagebutten**

◊ **Speierling**

◊ **Eberesche**

## Birnen

Die Birnenbäume sind also Rosengewächse, die zum **Kernobst** gehören. Botanisch gesehen handelt es sich bei einer Birne um eine **Scheinfrucht**, da sich ihr Fruchtfleisch nicht aus dem Fruchtknoten, sondern dem Blütenboden bildet. Vermutlich stammt die Birne aus dem Kaukasus und Anatolien, und schon Homer berichtete von der köstlichen Frucht, deren erste Sorten bereits vor knapp 3000 Jahren in Griechenland kultiviert wurden. Rasch verbreitete sich die Birne von dort aus überall in Europa, und schon im 19. Jahrhundert existierten etwa 1000 verschiedene Sorten. Heute wird geschätzt, dass es rund 5000 Birnensorten gibt, etwa 700 davon kommen aus Deutschland. Es gibt **Sommer-**, **Herbst-** und **Winterbirnen**, außerdem wird zwischen **Tafelbirnen**, die zum direkten Verzehr gedacht sind, **Mostbirnen** für Saft sowie **Kochbirnen** zur Herstellung von Kompott unterschieden. Tafelbirnen mit zart schmelzendem, saftig-süßem Fruchtfleisch werden auch **Butterbirnen** genannt.

## Grüne Zweige, goldne Frucht

*Friederike Kempner*

Grüne Zweige, goldne Frucht!
Wer sie findet, wer sie sucht!
Kennst Du ihren tiefen Sinn?
In der Seele wohnt er drin. –

Grüne Zweige, goldne Frucht!
Wer sie findet, wer sie sucht!
Suchen, finden wirst du sie,
Brechen, ach, auf Erden nie. –

## Birnensorten

## Zu den in Deutschland beliebtesten Birnensorten gehören die folgenden:

Die **Williams-Christ-Birne** ist vermutlich die bekannteste Birnensorte in Deutschland. Sie ist charakterisiert durch ihr ihr süßes, saftiges und aromatisches gelblich-weißes Fruchtfleisch. Die Schale ist grünlich-gelb, später goldgelb, oft mit rötlicher Färbung auf der Sonnenseite.
Das gelblich-weiße Fruchtfleisch der **Guten Luise** ist saftig und süßlich-aromatisch. Sie ist eiförmig mit glatter gelbgrüner Schale, die an der sonnenzugewandten Seite braunrot wird.
Auch die robuste **Conference-Birne** ist sehr beliebt. Ihre Schale ist glatt und druckfest. Ihr grün-gelbliches Fruchtfleisch schmeckt würzig, ist zartschmelzend und überaus saftig. Die Früchte sind mittelgroß und länglich geformt.
Die **Alexander Lucas** sind mittelgroße bis große kelchbauchige Früchte mit glatter Schale, die zunächst grünlich-gelb, später leuchtend gelb gefärbt ist. Ihr gelblich-weißes Fruchtfleisch ist saftig und schmeckt mild und süßlich-aromatisch.
Die Früchte der köstlichen **Abate Fetel** sind groß mit langem Hals und dickem Bauch. Das feste weiße Fruchtfleisch zergeht zartschmelzend auf der Zunge und schmeckt süß, edel-aromatisch und feinwürzig.
Die Früchte der **Clapps Liebling** sind mittelgroß bis groß, haben eine gleichmäßige Form mit einer hellen, gelblich-grünen Farbe, die an der sonnenzugewandten Seite gelblich-rot wird. Ihr gelblich-weißes Fruchtfleisch hat ein angenehm süß-saures Aroma.
**Boscs Flaschenbirne**, auch **Kaiser Alexander** genannt, hat eine gelblich-grüne Schale, die bei voller Reife eine gelblich-braune Färbung annimmt. Ihre Form ist flaschenartig mit dickem Bauch. Ihr weiß-gelbliches Fruchtfleisch ist fest und süß.
Die saftig-süße **Kirchensaller** ist eine beliebte Mostbirne mit gelblicher bis grünlicher Schale und süßlich-herbem Aroma.
Die **Nashi-Birne** stammt aus Asien und erfreut sich auch in Deutschland immer größerer Beliebtheit. Sie ist rund und knackig und zeichnet sich durch ein sehr erfrischendes und süßes weißliches Fruchtfleisch aus.

Gute Luise

Boscs Flaschenbirne

Conference-Birne

Abate Fetel

Williams-Christ-Birne

Alexander Lucas

Clapps Liebling

Nashi-Birne

Kirchensaller

## Quitten

Die Quitte (*Cydonia oblonga*) ist ein **Kernobst**, das mit Äpfeln und Birnen verwandt ist. Sie zeichnet sich durch ihren intensiven Duft und ihre schöne goldgelbe Farbe, auch Quittengelb genannt, aus. Die Früchte sind groß, leicht beflaumt und apfel- oder birnenähnlich in der Form. Die Quitte stammt ursprünglich aus dem Kaukasus und anderen Teilen Westasiens, wird seit Tausenden von Jahren kultiviert und hat sich im Laufe der Zeit weltweit verbreitet. Rohe Quitten sind sehr hart und verursachen ein raues pelziges Mundgefühl. Auch können sie bitter schmecken und werden daher nicht roh verzehrt, sondern meist gekocht. Dabei entwickeln Quitten einen süßen, intensiven Duft und ein Aroma, das an eine Mischung aus Apfel, Birne und Zitrone erinnert. Köstlich!

## Äpfel

Der Apfel ist das Lieblingsobst der Deutschen, bevorzugt mit regionalem Ursprung. Ursprünglich stammt der Apfel aus Zentralasien. Es wird vermutet, dass der erste Anbau bereits vor etwa 12 000 Jahren im heutigen Kasachstan begann. Der Apfel fand seinen Weg nach Europa durch die Römer, die ihn während ihrer Feldzüge mitbrachten und über den gesamten Kontinent verbreiteten. Von diesem Zeitpunkt an gewann diese Frucht kontinuierlich an Bedeutung. Heute steht Deutschland beim Apfelverzehr an der Spitze aller europäischer Staaten.

*»Die Frucht dieses Baumes ist zart und leicht verdaulich und schadet roh keinem Gesunden. Denn die Äpfel wachsen und erquicken sich am Tau der Nacht vom ersten Schlaf bis fast vor Tagesanbruch. Deshalb sind sie roh Gesunden gut zu essen, weil sie aus starkem Tau gekocht sind. Kränklichen aber schaden rohe Äpfel etwas, weil diese eben schwächlich sind. Gekocht und gebraten sind sie gut für Starke und Sieche. Wenn die Äpfel alt und runzelig geworden sind, also im Winter, können Gesunde und Kranke sie gut roh essen.«*

Hildegard von Bingen

## Eine berühmte Redewendung

Ein Apfel am Tag, mit dem Doktor kein Plag
An apple a day keeps the doctor away
Una mela al giorno toglie il medico di torno
Una manzana al día mantiene al doctor en la lejaní
Une pomme par jour éloigne le médecin pour toujours

## Ein berühmter Limerick

There was a young lady from Hyde
who ate too sour apples, and died.
The apples fermented
inside the lamented,
and made cider inside her inside.

Boskop

Braeburn

Cox Orange

Elstar

Gala

Golden Delicious

Granny Smith

## Apfelsorten

Experten gehen davon aus, dass es auf der ganzen Welt etwa 20 000 verschiedene Apfelsorten gibt. Manche wachsen nur unter ganz bestimmten klimatischen Bedingungen, andere haben sich weltweit als führende Sorten etabliert. Die Apfelanbauer ordnen Äpfel im Allgemeinen in drei Kategorien ein: **Tafeläpfel**, die hauptsächlich roh verzehrt oder zu Kuchen und Chutneys verarbeitet werden. Aus den sogenannten **Wirtschaftsäpfeln** wird Apfelmus oder Gelee gekocht. Und aus **Mostäpfeln** wird Saft, Wein, Branntwein oder Essig gewonnen.

## Die bekanntesten Sorten sind folgende:

Der **Boskop** stammt ursprünglich aus den Niederlanden und war dort unter dem Namen »der Schöne aus Boskoop« bekannt. Er zählt zu den Winteräpfeln. Typischerweise handelt es sich um große, schwere Äpfel, die ungefähr 200 Gramm wiegen. Dank seiner Säure und seines intensiven Aromas ist der Boskop ideal zum Backen und Einkochen geeignet.
Der knackige neuseeländische **Braeburn** ist mittelgroß und erfreut sich vor allem in Europa großer Beliebtheit. Er besticht durch seine angenehme Mischung aus Herbe und Süße sowie seine tiefrote Färbung, die einen Teil der Schale bedeckt. Außer zum frischen Verzehr eignet sich der Braeburn auch bestens zum Kochen, Backen und für Obstsalate.
**Cox Orange**, der Lieblingsapfel im Vereinigten Königreich, hat eine orangebraune Farbe auf gelbgrünem Untergrund. Sein saftiges Fruchtfleisch ist von einer festen Schale umgeben, er ist traditionell nicht sehr knackig. Der Geschmack ist süß und fruchtig und erinnert teilweise an Birnen. George Orwell beschrieb den Cox Orange als den besten der außergewöhnlich guten englischen Äpfel.
Der **Elstar**, eine Kreuzung aus Golden Delicious und Ingrid Marie, stammt aus der niederländischen Provinz Gelderland. Er wird erst seit Mitte der 1950er Jahre gezüchtet und zählt somit zu den jüngeren Sorten. Geschmacklich überzeugt der Apfel mit einer dezenten Säure.
Die intensive Rötung und die etwas kleineren Früchte sind charakteristisch für Äpfel der **Gala**-Sorte. Ursprünglich aus Neuseeland stammend weisen die Äpfel eine aromatische Süße auf. Im Handel findet man oft die Variante **Gala Royal**, die eine noch kräftigere rote Färbung aufweist.
Der Name **Golden Delicious** deutet bereits auf die optischen und geschmacklichen Eigenschaften der Apfelsorte hin: Golden Delicious stammt aus West Virginia, USA, und entwickelt eine unverwechselbar goldgelbe Schale. Kulinarisch ist diese Sorte äußerst vielseitig. Die Äpfel schmecken pur, eignen sich aber auch zum Backen und Kochen.

Die Sorte **Granny Smith** kommt aus Australien und ist nach ihrer Züchterin Maria Ann Smith benannt. Die Äpfel werden oft unreif mit leuchtend grüner Schale verkauft und schmecken in diesem Stadium sehr sauer. Vollreife Granny Smith-Äpfel ähneln optisch und geschmacklich dem Golden Delicious.

Botaniker an der Cornell University in den USA züchteten **Jonagold** aus den Sorten Golden Delicious und Jonathan. Die Äpfel kamen erst in den 1970er-Jahren in den Handel. Jonagold-Äpfel haben einen fruchtig-süßen Geschmack und festes Fruchtfleisch.

Die dunkelrote Färbung mit leicht grünen Akzenten ist das Markenzeichen der Sorte **Pink Lady**, auch bekannt als Cripps Pink. Ursprünglich aus Australien stammend zeichnet sich diese Sorte vor allem durch ihre lange Lagerfähigkeit aus.

Die **Fuji**-Sorte aus Japan wird wegen ihrer knackigen Textur und ihres süßen, manchmal leicht würzigen Geschmacks geschätzt. Sie eignet sich gut für den direkten Verzehr.

**Idared** erfreut sich aufgrund ihrer festen Textur und ihres leicht säuerlichen Geschmacks großer Beliebheit und wird insbesondere oft für Backwaren und Apfelmus verwendet.

Die alte Apfelsorte **Holsteiner Cox** hat einen süß-säuerlichen Geschmack und festes Fruchtfleisch. Sie wird meistens direkt gegessen.

**Rubinette**-Äpfel zeichnen sich durch süße und leicht würzige Noten aus. Sie haben in den letzten Jahren an Beliebtheit gewonnen, insbesondere bei Liebhabern aromatischer Äpfel.

Pink Lady

Jonagold

Idared

Fuji

Rubinette

Holsteiner Cox

## Ein Haiku

*Josef Guggenmos*

Im Gras ein Apfel
Rundes Schweigen, hingelegt
An den Rand der Welt.

## Schwarzer Diamantapfel

**Black Diamond**, der schwarze Diamantapfel, ist eine seltene Sorte aus der Familie der **Hua-Niu-Äpfel**, die auch **Chinese Red Delicious** genannt werden. Dieser besondere schwarze Apfel stammt ursprünglich aus Neuseeland und wurde später in China eingeführt, wo er in Nyingchi im Tibet angepflanzt wird und durch die besonderen klimatischen Bedingungen dieser Gegend und die besonderen Veredelungstechniken weiterentwickelt wurde. Der Name des Apfels ist allerdings etwas irreführend, denn er ist nicht schwarz, sondern dunkelviolett. Von außen sehen die schimmernden Äpfel fast wie Kerzenwachs aus, sprich: Sie glänzen wie ein Diamant. Die einzigartigen Äpfel verdanken ihre Farbe unter anderem der Geographie in Nyingchi, der kleinen Stadt in den Bergen Tibets in 3500 Metern Höhe, wo sie tagsüber viel ultraviolettes Licht einfangen und wo nachts die Temperaturen stark schwanken, was zu der dunklen Schale führt.
Der Apfel soll eine sehr schöne Textur haben und honigsüß schmecken. Allerdings hat diese Einzigartigkeit auch ihren Preis: ein einziger Apfel kostet um die sieben Euro!

## Am Apfelbaum

*Theodor Fontane*

Als noch im stillen Tale
Der Frühling weilte kaum,
Stand ich zum letzten Male
An diesem Apfelbaum.

Es flochten Blütenflocken
– Erschöpt vom Wirbeltanz –
In ihren dunkeln Locken
Geschäftig sich zum Kranz.

Der Winter ist gekommen,
Und nahm nach altem Brauch,
Und was er mir genommen,
Erweckt kein Frühlingshauch.

Auch heut ich's von den Zweigen
Wie Blüten fallen seh;
Doch tanzt den stillen Reigen
In Flocken nur der Schnee.

Ich seh vom Haupt ihn tropfen
Gleich Tränen niederwärts,
Und lauter hör ich klopfen
Mein tiefbewegtes Herz.

# Zitrusfrüchte

Der Begriff Zitrusfrüchte ist eine Sammelbezeichnung für Obst aus der Familie der Rautengewächse (*Rutaceae*). Sie sind bekannt für ihren sauren Geschmack und als Vitamin-C-Quelle.

## Zu den bekanntesten Zitrusfrüchten gehören:

**Bergamotten** sind vermutlich aus einer Kreuzung der Zitronatzitrone mit der Bitterorange entstanden und werden vor allem in Kalabrien angebaut.
**Clementinen** sind fast kernlose Zitrusfrüchte, die als Hybride zwischen Orange beziehungsweise Pomeranze und Mandarinen entstanden sind.
**Grapefruits** sind entstanden durch die Rückkreuzung der Orange mit der Pampelmuse.
Die **Hand Buddhas** ist eine Sorte der **Zitronatzitrone**, die besonders spektakulär aussieht, da ihre einzelnen Fruchtsegmente jeweils von einer Schale umgeben sind und an Finger einer Hand erinnern.
**Kumquats,** auch **Zwergorangen** oder **Zwergpomeranzen** genannt, sind eng mit Zitruspflanzen verwandt. Kumquat ist die englische Transkription des kantonesisch-chinesischen Wortes *kam kwat* (goldene Orange).
**Limetten** sind eng mit Zitronen, Orangen und anderen Zitrusfrüchten verwandt. Sie stammen ursprünglich aus Südostasien.
**Mandarinen** sollen aus dem Nordosten Indiens oder dem Südwesten Chinas stammen.
**Meyer-Zitronen** stammen aus China, es handelt sich um eine Kreuzung zwischen Orange oder Mandarine und der Echten Zitrone.
**Orangen**, auch **Apfelsinen** (chinesische Äpfel) genannt, stammen aus China oder Südostasien, wo sie aus einer Kreuzung von Mandarine und Pampelmuse entstanden sind.
**Pampelmusen**, *Citrus maxima*, auch **Pomelos**, **Paradiesäpfel** oder **Adamsäpfel** genannt, sind die größten unter den Zitrusfrüchten.
**Pomeranzen** oder **Bitterorangen** sind Zitrusfrüchte, die besonders für ihre duftende Schale bekannt sind. Sie stammen aus Südostasien.
Die **Yuzu,** auch **Chinesische Zitrone** genannt, wächst wild in Korea und Tibet und wird in Japan angebaut.
**Zitronatzitronen,** auch **Zedratzitronen**, werden hauptsächlich in China und Japan angebaut, aber auch in Marokko und Sizilien.
**Zitronen** sind aus einer Kreuzung zwischen **Bitterorange** und **Zitronatzitrone** entstanden und stammen höchstwahrscheinlich aus Indien.

## Die Zitrone in der Kunst- und Kulturgeschichte

Die frühesten Nachweise für die Existenz von Zitronen auf europäischem Boden sind archäologische Funde von **Zitrussamen** am Grund eines Brunnens in Pompeji, den Wissenschaftler auf das 1. bis 2. Jahrhundert v. u. Z. datieren; aus derselben Zeit stammen auch die Zitronen im Fresko eines Zitronenbaums an den Wänden eines Privathauses in Pompeji. Dieses Fresko zeigt, dass die Zitrone nicht nur als Nutzpflanze angebaut wurde, sondern schon damals eine ästhetische Funktion hatte und der Dekoration diente.

Im Judentum ist die Zitrone von großer Bedeutung, und **Sukat-Zitronen**, *etrog* auf Hebräisch, gehören als Paradiesfrucht zu den wichtigsten Symbolen in den Ritualen des Laubhüttenfestes, bei dem Juden des Auszugs aus Ägypten und der Wanderung durch die Wüste gedenken. Im Christentum gilt die Zitrone als Symbol für Unsterblichkeit, da der Zitronenbaum gleichzeitig blüht und Früchte trägt. Im Mittelalter und in der Renaissance findet man daher Bilder von Maria und dem Jesuskind, auf denen Jesus eine Zitrone in der Hand hält, als Ausdruck des christlichen Versprechens von Erlösung und ewigem Leben.

In den Niederlanden, in Italien und Spanien entwickelte sich von Ende des 16. Jahrhunderts an die Darstellung toter beziehungsweise regloser Gegenstände auf Gemälden, das Stillleben, das symbolisch für Wohlstand, Alltag, Vergnügen, Exotisches und die zeitlichen Genüsse stand. Sehr oft sind Zitronen in den Kompositionen enthalten, und vor allem die niederländischen Künstler sind Meister darin, Zitronen oder halbe Zitronen mit fantastischem Licht- und Farbspiel auf den Oberflächen darzustellen und die Früchte virtuos in Spiralen geschält zu zeigen. Aus dieser Tradition geht das moderne Stillleben hervor; europäische Künstler haben ohne Unterbrechung Zitronen gemalt. Denken Sie nur an Gemälde mit Zitronen von Vincent van Gogh, Édouard Manet oder Otto Dix.

Johann Wolfgang Goethe war auf seiner Italienreise so ergriffen von der Sinnlichkeit des Landes, dass er im *Lied der Mignon* von 1785 die unsterblichen Zeilen *Kennst du das Land, wo die Zitronen blühn* … schrieb.

Fresko in einem Privathaus in Pompeji

## An eine Orange

*Francisca Stoecklin*

Herrliche Frucht,
im Haine behutsam gereift.
Von Sonne und Südwind
tausendmal geküßt, gerötet, gegoldet.
Duftend und schwer
ruhst du in meiner Hand.

Wieviele Sonnenküsse,
wieviele Regenschauer,
wieviel Vollmondschein,
welch ein großes warmes Land
halte ich mit Dir, Vollkommene!
in meiner kleinen gewölbten Hand.

# Tropische Früchte

**Tropische Früchte**, auch **Südfrüchte** oder **Exotische Früchte** genannt, stammen historisch aus südlichen Ländern. Der heute nicht mehr so gebräuchliche Begriff Südfrüchte wird vor allem für Zitrusfrüchte benutzt. Es handelt sich um eine vielfältige Gruppe von Früchten, die in warmen, tropischen und subtropischen Klimazonen gedeihen. Es gibt jedoch keine allgemein anerkannte einheitliche Definition, die festlegt, welche Früchte genau zu den tropischen gezählt werden. Jedenfalls sind diese Früchte bekannt für ihren intensiv-saftigen Geschmack, ihre leuchtenden Farben und ihre einzigartige Beschaffenheit.

## Einige der beliebtesten tropischen Früchte sind die folgenden:

**Ananas, Banane, Cherimoya** (auch Anome, Rahm- oder Jamaikaapfel genannt), **Drachenfrucht, Durian, Feijoa** (auch Ananas-Guave oder Brasilianische Guave genannt), **Guave, Jackfrucht, Kaki** und **Sharon** (auch als Persimone bekannt), **Kaktusfeige** (auch Stachelfeige oder Indische Feige genannt), **Karambola** (Sternfrucht), **Kiwano** (Horngurke), **Kiwi, Kokosnuss, Litschi, Mango, Mangostan-Frucht, Papaya, Passionsfrucht, Pitahaya, Schwarze Sapote, Soursop** (auch Graviola genannt) und **Tamarinden** (auch Sauerdattel oder Indische Dattel genannt). Dies sind nur einige wenige Beispiele für die große Vielfalt an tropischen Früchten.

## Sternfrüchte

Die **Karambola** (*Averrhoa carambola*) ist eine exotische Frucht, die ursprünglich aus Südostasien stammt. Botanisch gesehen handelt es sich um eine **Sammelfrucht**. Sie wird heute in vielen tropischen Regionen der Welt angebaut. Der Karambolabaum ist ein mittelgroßer bis großer Baum, der zur Familie der Sauerkleegewächse gehört. Die Karambola hat eine glatte wachsartige Schale, und ihre charakteristische Form, die an einen fünfzackigen Stern erinnert, hat ihr den Namen Sternfrucht eingebracht.

Je nach Sorte kann die Farbe der Schale von blassgelb bis tiefgelb variieren. Die Karambola ist erfrischend und schmeckt süß bis leicht säuerlich, ihr Aroma erinnert an eine Mischung aus Zitrusfrüchten, Äpfeln und Kiwis.

## Bananen

Die Banane (*Musa*) aus der Familie der Bananengewächse (*Musaceae*) ist eine der weltweit am meisten angebauten und konsumierten Früchte und wird zu den Beerenfrüchten gezählt. Es gibt zahlreiche Sorten von Bananen, die sich in Größe, Form, Farbe und Geschmack unterscheiden; die in Europa am häufigsten verzehrte Art ist die süße oder **Dessertbanane** (*Musa sapientum*). In Asien wiederum wird das weiche Fruchtfleisch der schwarzen **Kochbanane** geschätzt. Bananen wachsen an **Stauden**, miteinander verschlungene Blätter bilden den Scheinstamm der bis zu neun Meter hohen Pflanze. Innerhalb von etwa drei Monaten entwickeln sich aus den Blüten der Tropenpflanze erntereife Früchte, die Finger genannt werden. Der Büschel, an dem die gelben Finger hängen, neigt sich durch das Gewicht der Früchte zu Boden. Da Bananen aber der Sonne entgegenwachsen, entsteht die krumme Bananenform.
Ursprünglich aus Asien stammend wurde die gelbe Frucht zuerst von arabischen Händlern nach Afrika gebracht, bevor sie nach einem Umweg über die Kanarischen Inseln im frühen 16. Jahrhundert von den spanischen Eroberern nach Panama gebracht wurde. Mittlerweile gehören vor allem die zahlreichen Sorten von Kochbananen in Lateinamerika zu den wichtigsten Nahrungsmitteln. Die ausgedehnten Monokulturen von Süßbananen für den Export wurden im Verlauf des 20. Jahrhunderts in einigen Ländern zum vorherrschenden Faktor in Wirtschaft und Politik, was einigen mittelamerikanischen Staaten den berüchtigten Titel »Bananenrepublik« einbrachte. Als die US-amerikanische United Fruit Company Ende des 19. Jahrhunderts ihre erste große Bananenplantage in Panama gründete, war die gelbe Frucht sowohl in Nordamerika als auch in Europa noch relativ unbekannt. Eine kleine Ladung von zwölf Bündeln Bananen, die 1902 in Bremen ankam, konnte nur schwer verkauft werden, auch weil die Früchte während des Transports noch nicht gekühlt werden konnten. Erst 1910 begannen die ersten Schiffe mit Kühlmaschinen die Kanarischen Inseln und Europa zu verbinden. Von da an stieg die Einfuhr von Bananen aus den südlichen Ländern nach Europa rapide an: 1937 wurden 146 800 Tonnen Bananen ins Deutsche Reich exportiert, 1973 bezog die Bundesrepublik bereits mehr als das Vierfache, nämlich 700 000 Tonnen. Die Banane war, da nur gegen teure Devisen einzukaufen, in der DDR eine rare Ware. Im Prozess der deutschen Wiedervereinigung wurde sie zum Symbol einer ausschließlich aus materiellem Neid entstandenen Wendelust. Ein Graffiti-Spruch bringt auf den Punkt, wie die Verehrung der Banane in der deutsch-deutschen Bananenrepublik mit Fremdenfeindlichkeit einherging: »Deutsche, kauft deutsche Bananen!«

## Granatäpfel

Der Granatapfel (*Punica granatum*) wird schon seit Jahrtausenden kultiviert und gehört zu den **Sammelfrüchten**. Ursprünglich stammt er aus den Regionen rund um den Persischen Golf, wird aber heute weltweit angebaut. Der Granatapfelbaum ist ein kleiner Laubbaum oder Strauch, der für seine auffälligen roten Früchte bekannt ist, die in vielen Kulturen als Symbol für Fruchtbarkeit und Wohlstand gelten. Der Granatapfel selbst ist rund bis leicht oval mit einer harten, lederartigen Schale. Die Farbe der Schale kann von blassgelb bis tiefrot variieren. Im Inneren befinden sich sehr viele saftige, von weißen Membranen getrennte Kerne, die Arils genannt werden. Jeder dieser Arils enthält einen Samen und ist von einer saftigen essbaren Hülle umgeben. Die Kerne des Granatapfels haben einen einzigartigen süßlich-sauren und leicht herben Geschmack. Sie sind von einer leicht knackigen Textur und platzen im Mund förmlich auf, was nicht nur Spaß macht, sondern aufgrund des intensiv fruchtigen Aromas auch köstlich ist.

## Der Granatapfel

*Stefan Andres*

Darin wir saßen.
Schimmernde Kerne:
Er barst. – Des Öffnens Spalt
In der roten Wange
War vielen ein lächelnder Mund …
Wir aber spürten die Wunde
Der herbstlichen Zeit,
Eh noch der Apfel, gewachsen nach seinem Gesetz,
Fiel
Und rollte
Und uns verlor.
Vögel trugen uns in Schnäbeln und Mägen
Ins Unbekannte
[…]
Und das grundlose Lachen
Zieht durch uns hin
Wie der Atem
Durch den durchbohrten, starren,
Aber liederschaffenden Leib der Flöte.
O wer es uns wiederfindet,
Er gründet neu die Welt
Auf dem unbegreiflichen,
Alten und jungen,
Göttlichen Einklang.

## Mangos

Die Mango (*Mangifera indica*) mit ihren leuchtenden Farben und ihrem saftig-süßen Geschmack ist für viele Menschen die exotische Frucht par excellence; botanisch gesehen gehört sie zu den **Steinfrüchten**. Diese **tropische Frucht** wurde bereits vor 4000 Jahren in Asien kultiviert, insbesondere in der Region, die heute Indien, Myanmar und Bangladesch umfasst. Inzwischen wird sie jedoch in verschiedenen tropischen und subtropischen Regionen der Welt angebaut. Es gibt an die tausend verschiedene Mangosorten, die sich in Größe, Form, Farbe und Geschmack stark unterscheiden. Einige bekannte sind **Alphonso**, **Kent**, **Haden**, **Honey** oder **Champagne Mango** und **Tommy Atkins**.

Mangos werden oft als die »Königin der Früchte« bezeichnet. In Indien gilt der Mangobaum als heilig. In einigen Kulturen werden Mangos mit Wohlstand, Fruchtbarkeit und Feiern in Verbindung gebracht. Auch im Buddhismus steht der Baum für Kraft und Langlebigkeit, da es ein Mango-Hain war, in dem Buddha der Überlieferung nach eine Rast einlegte. Im Hinduismus wiederum findet sich in den Veden eine Passage, in der die Mango als »Speise der Götter« bezeichnet wird.

## Kiwis

Die Kiwifrucht (*Actinidia deliciosa*) gehört zur Familie der Strahlengriffelgewächse, botanisch gesehen zu den **Sammelsteinfrüchten**. Ursprünglich stammt sie aus China, wo sie früher **Yang Tao** hieß. In den frühen 1920er Jahren wurden Kiwifrüchte erstmals in Neuseeland angebaut und unter dem Namen **Chinese Gooseberry** (Chinesische Stachelbeere) erfolgreich vermarktet. Die Frucht erfreute sich auch bei britischen und amerikanischen Soldaten, die während des Zweiten Weltkriegs in Neuseeland stationiert waren, großer Beliebtheit. Im Jahr 1952 begann der Export der *Actinidia deliciosa* von Neuseeland aus zunächst nach England, wo sie extrem gut angenommen wurde. Bald wurde sie auch nach Kontinentaleuropa und Nordamerika exportiert. 1959 gab man ihr in London den Namen Kiwi; so nennen sich die Bewohner Neuseelands selbst, nach ihrem Nationalsymbol, dem flugunfähigen Vogel Kiwi. Heute sind insbesondere Neuseeland, Italien und Chile wichtige Anbauregionen für Kiwis. Die ovale Frucht ist fast so groß wie ein Hühnerei. Ihre Schale ist entweder bräunlich oder grün, je nach Reifegrad und Sorte, und hat eine leicht borstige Oberfläche aufgrund der feinen Härchen. Die Farbe des Fruchtfleisches ist im Allgemeinen leuchtend grün mit kleinen schwarzen Kernen.

## Kokosnüsse

Die Kokosnuss (*Cocos nucifera*) ist eine **Steinfrucht** mit einer harten äußeren Schale und einem köstlichen Inneren. Kokospalmen werden seit mehr als 3000 Jahren angebaut; die Frucht wächst das ganze Jahr über in Südostasien und Lateinamerika an den bis zu 30 Meter hohen Bäumen. Die Früchte können einen Durchmesser von bis zu 40 Zentimetern erreichen und bestehen aus mehreren Schichten. Die äußerste Schicht der Kokosnuss ist glatt, gelblich bis grünlich und wasserundurchlässig. Unter dieser Schicht verbirgt sich eine zweite, etwa einen Zentimeter dicke weiß-gelbliche Faserschicht. Oft werden diese beiden äußeren Schichten vor dem Export entfernt, um das Gewicht zu reduzieren und so die Transportkosten zu senken. Daher sind vielen Menschen die Kokosnüsse lediglich als dunkelbraune, faserige und außen sehr harte Kugeln bekannt, die am oberen Ende drei Keimlöcher aufweisen. Unter dieser harten rotbraunen Haut verbirgt sich das weiße Fruchtfleisch namens Kopra sowie ein Hohlraum, der das köstliche **Kokoswasser** enthält. Der Gehalt an Kokoswasser in einer Frucht variiert hauptsächlich je nach Reifegrad. Jüngere Früchte

enthalten mehr Kokoswasser. Überreife Früchte hingegen enthalten weniger Flüssigkeit, dafür mehr Fruchtfleisch, das jedoch einen unangenehm seifigen Geschmack haben kann. Der Schütteltest ist eine Methode, um den Reifegrad einer Kokosnuss zu bestimmen. Wenn das Wasser im Inneren hörbar hin und her schwappt, ist die Kokosnuss wahrscheinlich reif. Hört sie sich hohl und dumpf an, ist sie vermutlich überreif.

Die Herkunft der Kokosnuss ist bis heute nicht genau bekannt, denn aufgrund ihrer Wasserundurchlässigkeit können Kokosnüsse Tausende von Kilometern im Meer treiben und dann an Land keimen. Dies erklärt, warum die Kokospalme in fast allen Ländern mit tropischem und subtropischem Klima zu finden ist. Es wird jedoch vermutet, dass sie von einer der zahlreichen Inseln Indonesiens stammt.

In den Herkunftsländern wird die Kokosnuss seit Tausenden von Jahren als wertvolles Grundnahrungsmittel geschätzt. Experten zufolge könnten Menschen über Wochen hinweg ausschließlich von Kokosnussfruchtfleisch und -wasser leben, ohne unter Mangelerscheinungen zu leiden. Die Fasern der Kokosnuss werden auch für die Herstellung von Kokosmatten und die harte Schale für kunstvolle Schnitzereien und Gebrauchsgegenstände genutzt.

## Die nicht-veganen Feigen, ein Phänomen der Natur

Die Feige (*Ficus carica*) ist botanisch betrachtet eine **Beere**, genauer gesagt eine **Sammelfrucht**, die seit Jahrtausenden angebaut wird. Ursprünglich stammt sie aus dem Mittelmeerraum und dem Nahen Osten, wird heute jedoch weltweit angebaut. Feigen sind rund oder birnenförmig und im Allgemeinen so groß wie eine Pflaume. Die Farbe der Schale variiert je nach Sorte von grün über violett bis hin zu fast schwarz. Die Schale ist dünn und essbar, das Fruchtfleisch ist süß und saftig mit kleinen essbaren Samen.

Die Blüten des Feigenbaums sind ein Phänomen der Natur, denn anders als die meisten Obstbäume bilden Feigen keine nach außen hin sichtbaren Blüten. Die vielen kleinen Blütenstände befinden sich in drei bis fünf Zentimeter großen kugeligen Trieben. Die echte Feige ist einhäusig getrenntgeschlechtlich und bildet sowohl männliche als auch weibliche Blüten. Befruchtet werden Feigen durch die zwei bis drei Millimeter große Feigengallwespe. Durch eine winzige Öffnung im Blütenstand gelangen die Bestäuberinnen ins Innere der weiblichen Blüten, verlieren aber beim Eindringen Fühler und Flügel, sodass sie nicht mehr herauskommen. Sie legen ihre zuvor befruchteten Eier ab und sterben dann. Gewissermaßen zum Ausgleich bietet die Feige den zuvor bereits befruchteten aus den Eiern geschlüpften Larven ideale Bedingungen zum Aufwachsen. Öffnen Sie eine reife Feige, erkennen Sie die vielen winzigen Nüsschen im köstlichen Fruchtfleisch. Jeder dieser Kerne ist eine Steinfrucht, die sich aus einer der kleinen Blüten gebildet hat. In jeder dieser Früchte innerhalb der Feige ist somit eine zersetzte Feigenwespe enthalten. Streng betrachtet ist eine Feige also weder vegan noch vegetarisch.

Die Symbiose zwischen den Feigen und den Feigengallwespen ist ein bemerkenswertes Beispiel für Co-Evolution, bei der beide Partner im Laufe der Zeit Anpassungen entwickelt haben, die sie voneinander profitieren lassen. Während die Feigenwespen einen Platz zur Eiablage und zur Verbreitung ihrer Pollen finden, erhalten die Feigen die notwendige Bestäubung und damit die Möglichkeit zur Fruchtbildung.

Schon die alten Ägypter haben den Anbau des Feigenbaums in den Pyramiden von Gizeh dokumentiert, und in der Bibel sind es Feigenblätter, mit denen Adam und Eva ihre Scham bedecken, als sie bei der Vertreibung aus dem Paradies das Sich-Schämen entdecken. Seitdem gibt es viele Feigenblätter, die verschämt etwas verdecken. Erwähnungen in antiken Schriften wie der *Odyssee* von Homer, in Schriften von Plinius dem Älteren und Columella zeigen, dass der Feigenbaum über die Jahrhunderte hinweg eine wichtige Rolle in der Landwirtschaft und im Leben der Menschen gespielt hat.

In der Renaissance waren in Italien mehr als 500 Arten von Feigenbäumen bekannt. Gemälde aus dieser Zeit bieten nicht nur Einblicke in die Natur, sondern auch in die gesellschaftliche Wertschätzung und die ästhetische Schönheit der Frucht.

## Datteln

Datteln (*Phoenix dactylifera*) sind Früchte der Dattelpalme, die ursprünglich im Nahen Osten und Nordafrikas heimisch war. Heute werden sie in vielen Teilen der Welt angebaut. Botanisch betrachtet handelt es sich um eine **Steinfrucht**. Datteln sind längliche, ovale oder runde Früchte mit unterschiedlichen Farben, darunter Gelb, Rot, Braun und Schwarz, je nach Sorte und Reifegrad. Die Schale kann dünn und glatt oder auch faltig sein. Datteln sind in der Regel etwa drei bis sieben Zentimeter lang und haben einen harten Kern. Es gibt viele verschiedene Sorten von Datteln, die sich stark voneinander unterscheiden. Zu den bekanntesten Sorten gehören **Medjool**, **Deglet Noor**, **Halawi**, **Zahidi** und **Barhi**.

Datteln wurden bereits in antiken Zivilisationen wie denen der Ägypter, Babylonier und Sumerer geschätzt. In den Hieroglyphen der alten Ägypter tauchen sie oft auf. Sie werden in der Bibel mehrfach erwähnt und gelten dort als Symbol für Fruchtbarkeit, für Überfluss sowie für Gastfreundschaft.

In der islamischen Kultur gehören Datteln während des Fastenmonats Ramadan zum Fastenbrechen.

In vielen Kulturen gelten Datteln als Symbol für Wohlstand, Gesundheit und Segen.

## Ananas

Die Ananas (*Ananas comosus*) ist eine **tropische Frucht**, die ursprünglich aus Südamerika stammt. Christoph Kolumbus lernte sie während seiner Reisen kennen und brachte sie nach Europa. Heute wird sie in vielen tropischen Regionen der Welt angebaut. Die Ananas gehört zu den **Beerenfrüchten**, genauer gesagt zu den **Sammelfrüchten**. Ananasfrüchte sind im Allgemeinen oval oder zylindrisch geformt und sind meist zwischen 15 und 30 Zentimeter lang.
Ihre äußere Schale ist rau mit schuppenartigen Strukturen. Sie kann grünlich, gelblich oder braun sein. Ihre Blätter sind spitz, hart und haben eine stachelige Textur. Das Innere der Ananas besteht aus saftigem, gelblichem bis goldgelbem Fruchtfleisch. In der Mitte befindet sich der härtere Ananaskern.

In manchen indigenen Kulturen Amerikas wurde die Ananas als Symbol für Gastfreundschaft betrachtet. Reisenden oder Gästen wurde oft eine Ananas als Zeichen der Anerkennung und Gastfreundschaft angeboten.
In einigen karibischen Kulturen wurde die Ananas mit Fruchtbarkeit und Wachstum assoziiert.
Und in der europäischen Renaissance galt die Ananas als luxuriöses Statussymbol. Aufgrund ihrer Seltenheit und exotischen Herkunft nutzte der Adel die Ananas gern als Tischdekoration oder als Geschenk, um seinen Wohlstand zu zeigen. Auf Gemälden aus dieser Zeit findet sich die Ananas häufig als Symbol für Macht und Prestige.

## An die Bettine

*Bettina von Arnim*

Melonen, Ananas, Feigen, Trauben und
Pfirsich und die Fülle südlicher Blüten,
die eben in Eurem Hause sorglich verpackt
werden, haben mir Lust gemacht,
Dir das Violen- und Narzissensträußchen
(Wandel und Treue) beizulegen,
ich hätte mich gern selbst mit hineingelegt.

# Avocados

Die Avocado (*Persea americana*) ist eine vielseitige und nahrhafte Frucht, die höchstwahrscheinlich aus dem heutigen Mexiko stammt. Avocados waren eine wichtige Nahrungsquelle der Inkas, Mayas und Azteken. Die Avocado gehört zur Familie der Lorbeergewächse (*Lauraceae*) und ist botanisch betrachtet eine **Beere**, die für ihre cremige Konsistenz und ihren reichen Geschmack bekannt ist. Weltweit gibt es mehr als 400 Avocadosorten, die sich in Aussehen und Nährwert unterscheiden, und doch gehen alle auf drei alte Avocadosorten aus Mexiko, Guatemala und den Westindischen Inseln zurück.

## Die Avocado hat viele Namen

Das Wort Avocado geht auf das aztekische *ahuacatl* zurück, das in spanischen Ohren wie ihr Wort für einen Advokaten, abocado oder avocado, klang. Die spanische Wortform war schon früh verbreitet und wurde als *advocaat* von den Holländern in der Karibik übernommen, die das Wort auch für ihren Avocadolikör benutzten, den Vorläufer des Eierlikörs, der in Holland Advocaat heißt. In den spanischsprachigen Ländern hat sich dann aber eine andere Schreibweise für *ahuacatl* durchgesetzt, nämlich *aguacate*. Auch der erste Wortteil des mexikanischen Avocado-Dips Guacamole geht auf das Wortteil *ahua* oder *agua* zurück.
Im 17. Jahrhundert, als die Avocado in Europa bekannt wurde, hatte die Frucht dort noch keinen einheitlichen Namen, sondern wurde wegen ihrer Form Hodenfrucht, wegen ihrer köstlichen cremigen Textur als Butternuss oder wegen ihrer Haut als Alligatorbirne bezeichnet. Das spanische Wort Avocado wurde im Jahr 1696 von dem britischen Botaniker Sir Hans Sloane aufgegriffen, setzte sich aber in Europa nicht durch. Erst als zu Beginn des 20. Jahrhunderts neue Märkte für den Avocadohandel erschlossen wurden, einigten sich die Händler auf den Namen Avocado und verwendeten ihn von nun an ausschließlich.

## Wasser- oder Zuckermelone?

Die Wissenschaft geht heute davon aus, dass die ersten Melonenarten aus dem Norden Afrikas und Westen Asiens stammen. Osmanen und Araber brachten sie dann vergleichsweise spät auf den europäischen Kontinent, wo sie schließlich ebenfalls kultiviert wurden. Aus botanischer Perspektive gibt es heute zwei wichtige Melonensorten: die **Wassermelonen** (*Citrullus lanatus*) und die **Zuckermelonen** (*Cucumis melo*). Melonen werden botanisch betrachtet nicht als Verwandtschaftsgruppe gesehen, da Zuckermelonen erstaunlicherweise enger mit den Gurken verwandt sind als mit den Wassermelonen. Botanisch gesehen werden Melonen als **Beeren**, um genau zu sein, als **Panzerbeeren** klassifiziert, aufgrund ihrer festen Schale. Wassermelonen gehören wie Gurke, Kürbis und Zucchini zu den Kürbisgewächsen (*Cucurbitaceae*), werden jedoch im Unterschied zu ihnen als Obst verzehrt.

## Wassermelone

Harte Schale, erfrischender Kern! Die robuste grüne Hülle der Wassermelone schützt das rote Fruchtfleisch und die darin enthaltenen Kerne. Diese Melone besteht zu 90 Prozent aus Wasser. Ein einziges Exemplar kann bis zu 15 Kilogramm wiegen. Die ersten Formen der Wassermelone wurden vermutlich vor gut 5000 Jahren kultiviert. Die Wildform dieser Früchte schmeckte bitter. Aus diesem Grund wurde die Melone ursprünglich wohl nicht zum Verzehr angebaut, vielmehr galt das Interesse an der Frucht mit der harten Schale den schwarzen Kernen. Diese wurden zur Herstellung von Öl und Mehl verwendet.

*Johann Wolfgang Goethe*

Wo ich wohne,
Zeigt die Melone;
Am Paradiese
Zunächst der Wiese
Liegt ein Garten,
Da warten
Hübsche Kinder auf mich.
Ich aber denk an dich
In aller Tugend und Zucht
Schick ich die Frucht.

## Galiamelone

Die Galiamelone (*Cucumis melo* var. *reticulatus*) ist eine beliebte Melonensorte, die für ihr süßes und duftendes Fruchtfleisch bekannt ist. Sie ist eine Variante der **Zuckermelone**. Sie wurde in Israel gezüchtet und ist heute in vielen Teilen der Welt, insbesondere in Europa, beliebt. Diese ganz runde Melonenart wird auch Netzmelone genannt, denn die Schale der Galiamelone sieht aus wie mit einem Netz bedeckt und fühlt sich auch so an. Das Fruchtfleisch unterscheidet sich von dem der **Honigmelone** nur sehr wenig.

## Cantaloupe-Melone

Die Cantaloupe-Melone stammt ursprünglich aus Persien. Sie wird heute in vielen Teilen der Welt angebaut. Es handelt sich um mittelgroße bis große Früchte mit einer gerippten, netzartigen Schale, die von grünen Streifen und Flecken durchzogen ist. Das Innere der Cantaloupe ist bekannt für sein orangefarbenes, saftiges und süßes Fruchtfleisch. Ihren Namen verdankt sie der italienischen Gemeinde Cantalupo bei Rom. Sie zählt seit über tausend Jahren zu den beliebtesten und exklusivsten Melonensorten der Welt. Wer früher etwas auf sich hielt, verzehrte sie und versorgte vor allen Dingen seine Gäste mit den süßen Cantaloupe-Melonen.

## Honigmelone

Wie alle **Zuckermelonen** ist auch die Honigmelone (*Cucumis melo* var. *reticulatus*) kleiner und leichter als **Wassermelonen**. Ihrer gelben Schale hat sie es zu verdanken, dass sie im spanischen Sprachraum einfach als *amarillo* bekannt ist, also als die Gelbe. Ein Zuckeranteil von zehn Prozent sorgt dafür, dass das grünlich-weiße Fruchtfleisch süß bis sehr süß schmeckt. Honigmelonen haben eine runde bis ovale Form und eine netzartige, leicht gerippte Schale. Die Farbe variiert von gelblich bis goldbraun, je nach Reifegrad.

## Papaya

Die birnenförmige Papaya (*Carica papaya*) stammt ursprünglich aus den tropischen Regionen Amerikas, wird jedoch heute in vielen tropischen und subtropischen Ländern auf der ganzen Welt angebaut. Auch sie ist botanisch betrachtet eine **Beerenfrucht**. Die Papaya, die auch Baummelone genannt wird, gehört zu den Melonenbaumgewächsen. Entfernt man bei den vollreifen Früchten die ungenießbare grüne bis intensiv gelbe Schale, kommt das weiche, saftige lachs- bis orangefarbene Fruchtfleisch zum Vorschein. Mittig befindet sich darin ein Hohlraum, in dem Hunderte pfefferkornartige Samen in einer gelatinösen Hülle eingeschlossen sind.

# Mythologie

## Ein kleiner Streifzug durch die Mythologien verschiedener Kulturen, in denen Obst und Früchte als Symbole für Leben, Erkenntnis, Verführung, Jugend und vieles mehr stehen, ist sehr erhellend.

In der griechischen Mythologie wird Persephone, die Tochter der Göttin Demeter, von Hades, dem Gott der Unterwelt, entführt. Während ihrer Zeit in der Unterwelt hat sie vier **Granatapfelkerne** gegessen, was sie nicht durfte. Das führte dazu, dass sie, nachdem die übrigen Götter ihre Befreiung durchgesetzt hatten, fortan vier Monate eines jeden Jahres in der Unterwelt verbringen musste. Die vier Monate in der Unterwelt stellen die unfruchtbare Zeit auf der Erde dar, denn Demeter ist traurig, weil sie ihre Tochter vermisst. Daher blüht keine Pflanze, bis ihre Tochter wieder bei ihr ist. So erklärt dieser Mythos den Wechsel der Jahreszeiten.

In der römischen Mythologie ist Pomona die römische Göttin der **Früchte und Obstgärten**. Ihr Name leitet sich vom lateinischen Wort *pomum* ab, was Frucht bedeutet. Pomona wurde oft mit einem Füllhorn oder Früchten dargestellt und war die Beschützerin von Obstbäumen und Gärten. Der **Feigenbaum** steht mit Dionysos, dem Gott des Weins und der Fruchtbarkeit, in Verbindung.

In der christlichen Bibel findet ein hungriger Jesus einen **Feigenbaum** ohne Früchte vor, was ihn so erbost, dass er ihn zum Verdorren verdammt. Buddha wiederum wurde unter einem Feigenbaum erleuchtet. **Feigen** galten daher als Symbole für Fruchtbarkeit, Wissen und Erkenntnis.

In der nordischen Mythologie ist Idun die Hüterin der **Äpfel** der Jugend. Die Götter, die von diesen Äpfeln aßen, blieben ewig jung. Eine Geschichte erzählt davon, dass Loki Idun entführte, was dazu führte, dass die Götter alterten, bis Idun wieder Äpfel lieferte.

In den Mythen vieler nordamerikanischer Ureinwohner spielen **Kürbisse** eine Rolle in Geschichten über Schöpfung und Ernährung. Sie wurden als Gaben der Natur mit spiritueller Bedeutung betrachtet.

Der **Granatapfel** wurde in der mesopotamischen Mythologie mit Fruchtbarkeit und Lebenskraft in Verbindung gebracht. Er taucht in den Schöpfungsmythen um die Göttin Ishtar auf.

In der koreanischen Mythologie gibt es eine Geschichte über ein mythisches Wesen namens Hong Gildong, das auf der Suche nach dem **Apfel** der Unsterblichkeit ist. Dieser Apfel soll die Essenz des Himmels und der Erde enthalten.

Die **Bananenstaude** ist ein wichtiges Symbol in der hinduistischen Mythologie. Sie wird oft mit Göttinnen wie Lakshmi in Verbindung gebracht und symbolisiert Wohlstand, Fruchtbarkeit und Segen.

Zur chinesischen Mythologie gehören Erzählungen über den **Pfirsich** der Unsterblichkeit, der alle 3000 Jahre reift. Wer von diesem Pfirsich isst, soll unsterblich werden.

In der aztekischen Mythologie wird die **Avocado** mit der Liebesgöttin Xochiquetzal in Verbindung gebracht. Sie wurde als Frucht der Liebe und Fruchtbarkeit angesehen.

In der islamischen Mythologie wird die **Orangenblüte** mit Reinheit, Glück und spirituellem Wachstum assoziiert.

## Die Frucht vom Baum der Erkenntnis

*Laut Altem Testament und dem Koran führte eine sinnlich-verführerische Frucht zum Sündenfall:*

### Tora /Altes Testament: Genesis 2, 8–9 und 15–17 sowie 3,1–7

Dann legte Gott, der Herr, in Eden, im Osten, einen Garten an und setzte dorthin den Menschen, den er geformt hatte.
Gott, der Herr, ließ aus dem Ackerboden allerlei Bäume wachsen, verlockend anzusehen und mit köstlichen Früchten, in der Mitte des Gartens aber den Baum des Lebens und den Baum der Erkenntnis von Gut und Böse.
Gott, der Herr, nahm also den Menschen und setzte ihn in den Garten von Eden, damit er ihn bebaue und hüte. […]
Dann gebot Gott, der Herr, dem Menschen: »Von allen Bäumen des Gartens darfst du essen, doch vom Baum der Erkenntnis von Gut und Böse darfst du nicht essen; denn sobald du davon isst, wirst du sterben.«
Die Schlange war schlauer als alle Tiere des Feldes, die Gott, der Herr, gemacht hatte. Sie sagte zu der Frau: »Hat Gott wirklich gesagt: Ihr dürft von keinem Baum des Gartens essen?«
Die Frau entgegnete der Schlange: »Von den Früchten der Bäume im Garten dürfen wir essen; nur von den Früchten des Baumes, der in der Mitte des Gartens steht, hat Gott gesagt: Davon dürft ihr nicht essen und daran dürft ihr nicht rühren, sonst werdet ihr sterben.«
Darauf sagte die Schlange zur Frau: »Nein, ihr werdet nicht sterben. Gott weiß viel mehr: Sobald ihr davon esst, gehen euch die Augen auf; ihr werdet wie Gott und erkennt Gut und Böse.«
Da sah die Frau, dass es köstlich wäre, von dem Baum zu essen, dass der Baum eine Augenweide war und dazu verlockte, klug zu werden. Sie nahm von seinen Früchten und aß; sie gab auch ihrem Mann, der bei ihr war, und auch er aß.
Da gingen beiden die Augen auf, und sie erkannten, dass sie nackt waren. Sie hefteten Feigenblätter zusammen und machten sich einen Schurz.

### Koran, 7. Sure, 18–21

»Und (du,) o Adam, bewohne du und dein Weib den (Paradies-)Garten, und dann esst, wovon immer ihr wollt. Aber nähert euch nicht diesem Baum, sonst gehört ihr zu den Ungerechten!«
Da flüsterte ihnen der Satan ein, er wolle ihnen zeigen, was ihnen verborgen gewesen war – ihre Scham. Und er sagte: »Euer Herr hat euch diesen Baum nur verboten, damit ihr nicht Engel werdet oder zu den Ewiglebenden gehört.«
Und er schwor ihnen: »Ich gehöre wahrlich zu denjenigen, die euch guten Rat geben.« So verführte er sie trügerisch. Als sie dann von dem Baum gekostet hatten, zeigte sich ihnen ihre Blöße offenkundig, und sie begannen, Blätter des (Paradies-)Gartens auf sich zusammenzuheften.
Und ihr Herr rief ihnen zu: »Habe Ich euch nicht jenen Baum verboten und euch gesagt: Der Satan ist euch ein deutlicher Feind?«

## Zankapfel

*»... die rastlos lechzende Eris ..., die erst klein von Gestalt einherschleicht; aber in kurzem trägt sie hoch an den Himmel ihr Haupt, und geht auf der Erde. Diese nun streuete Zank zu gemeinsamem Weh in die Mitte, wandelnd von Schar zu Schar, das Geseufz' der Männer vermehrend.«*
So heißt es in der Ilias.

Das Mittel aber, das die Göttin des Zanks anwandte, um Streit anzufachen, war der goldene Apfel, den sie bei der Hochzeit der Eltern des Helden Achilleus zwischen die Göttinnen warf, die dort zu Gast waren. »Der Schönsten« war darauf geschrieben, und schon bald balgten sich die Göttinnen um seinen Besitz. Zeus, der Göttervater, wollte nicht selbst entscheiden, welche von ihnen den Apfel verdient hatte, und überließ das Urteil dem trojanischen Prinzen Paris. Der nahm die Aufgabe gern an, zumal Hera, Athene und Aphrodite ihm die schönsten Belohnungen zusagten, falls er sie wählte. Paris entschied sich für die Liebesgöttin Aphrodite, die ihm die schönste aller sterblichen Frauen versprochen hatte. Das war Helena, die dummerweise schon verheiratet war und erst einmal von Paris geraubt werden musste, weshalb Menelaos, der Ehemann, die Griechen zusammentrommelte, um Helena aus Troja zurückzuholen … Eris muss sich die Hände gerieben haben, denn nun hatte sie mit ihrem Zankapfel (den Begriff gab es schon in der Antike) einen großen Krieg heraufbeschworen.

## Schneewittchen

*Schneewittchens böse Stiefmutter, voller Neid auf Schneewittchens jugendliche Schönheit, hat schon zweimal versucht, sie umzubringen: einmal mit einem Schnürriemen, den sie so fest zieht, dass ihre Stieftochter nicht mehr atmen kann, das zweite Mal mit einem giftigen Kamm. Doch beide Male retten die sieben Zwerge die Königstochter. Und nun befragt die böse Königin erneut ihren magischen Spiegel:*

»Spieglein, Spieglein an der Wand, wer ist die Schönste im ganzen Land?«
Da antwortete er wie vorher:
»Frau Königin, ihr seid die Schönste hier,
aber Sneewittchen über den Bergen
bei den sieben Zwergen
ist doch noch tausendmal schöner als ihr.«
Als sie den Spiegel so reden hörte, zitterte und bebte sie vor Zorn.
»Sneewittchen soll sterben«, rief sie, »und wenn es mein eigenes Leben kostet!«
Darauf ging sie in eine ganz verborgene einsame Kammer, wo niemand hinkam, und machte da einen giftigen Apfel. Äußerlich sah er schön aus, weiß, mit roten Backen, dass jeder, der ihn erblickte, Lust danach bekam, aber wer ein Stückchen davon aß, der musste sterben. Als der Apfel fertig war, färbte sie sich das Gesicht und verkleidete sich in eine Bauersfrau, und so ging sie über die sieben Berge zu den sieben Zwergen. Sie klopfte an, Sneewittchen streckte den Kopf zum Fenster hinaus und sprach:
»Ich darf keinen Menschen einlassen, die sieben Zwerge haben mir's verboten.«
»Mir auch recht«, antwortete die Bäuerin, »meine Äpfel will ich schon loswerden. Da, einen will ich dir schenken.«
»Nein«, sprach Sneewittchen, »ich darf nichts annehmen.«
»Fürchtest du dich vor Gift?«, sprach die Alte, »siehst du, da schneide ich den Apfel in zwei Theile: den roten Backen iss du, den weißen will ich essen.« Der Apfel war aber so künstlich gemacht, dass der rote Backen allein vergiftet war. Sneewittchen lüsterte der schöne Apfel an, und als es sah, dass die Bäuerin davon aß, so konnte es nicht länger widerstehen, streckte die Hand hinaus und nahm die giftige Hälfte. Kaum aber hatte es einen Bissen davon im Mund, so fiel es tot zur Erde nieder. Da betrachtete es die Königin mit grausigen Blicken und lachte überlaut und sprach: »Weiß wie Schnee, rot wie Blut, schwarz wie Ebenholz! Diesmal können dich die Zwerge nicht wieder erwecken.« Und als sie daheim den Spiegel befragte:
»Spieglein, Spieglein an der Wand, wer ist die Schönste im ganzen Land?«, so antwortete er endlich:
»Frau Königin, ihr seid die Schönste im Land.«
Da hatte ihr neidisches Herz Ruhe, so gut ein neidisches Herz Ruhe haben kann.
Die Zwerglein, wie sie abends nach Hause kamen, fanden Sneewittchen auf der Erde liegen, und es ging kein Atem mehr aus seinem Mund, und es war tot. Sie hoben es auf, suchten, ob sie was Giftiges fänden, schnürten es auf, kämmten ihm die Haare, wuschen es mit Wasser und Wein, aber es half alles nichts; das liebe Kind war tot und blieb tot. Sie legten es auf eine Bahre und setzten sich alle sieben daran, und beweinten es, und weinten drei Tage lang. Da wollten sie es begraben, aber es sah noch so frisch aus wie ein lebender Mensch, und hatte noch seine schönen roten Backen. Sie sprachen: »Das können wir nicht in die schwarze Erde versenken«, und ließen einen durchsichtigen Sarg von Glas machen, dass man es von allen Seiten sehen konnte, legten es hinein, und schrieben mit goldenen Buchstaben seinen Namen darauf, und dass es eine Königstochter wäre. Dann setzten sie den Sarg hinaus auf den Berg, und einer von ihnen blieb immer dabei und bewachte ihn. Und die Tiere kamen auch und beweinten Sneewittchen, erst eine Eule, dann ein Rabe, zuletzt ein Täubchen.

Nun lag Sneewittchen lange, lange Zeit in dem Sarge und verweste nicht, sondern sah aus, als wenn es schliefe, denn es war noch so weiß als Schnee, so rot als Blut und so schwarzhaarig wie Ebenholz. Es geschah aber, dass ein Königssohn in den Wald geriet und zu dem Zwergenhaus kam, da zu übernachten. Er sah auf dem Berg den Sarg und das schöne Sneewittchen darin, und las, was mit goldenen Buchstaben darauf geschrieben war. Da sprach er zu den Zwergen: »Lasst mir den Sarg, ich will euch geben, was ihr dafür haben wollt.« Aber die Zwerge antworteten: »Wir geben ihn nicht um alles Gold in der Welt.« Da sprach er: »So schenkt mir ihn, denn ich kann nicht leben, ohne Sneewittchen zu sehen, ich will es ehren und hochachten wie mein Liebstes.« Wie er so sprach, empfanden die guten Zwerglein Mitleid mit ihm und gaben ihm den Sarg. Der Königssohn ließ ihn nun von seinen Dienern auf den Schultern forttragen. Da geschah es, dass sie über einen Strauch stolperten, und von dem Schüttern fuhr der giftige Apfelgrütz, den Sneewittchen abgebissen hatte, aus dem Hals. Und nicht lange, so öffnete es die Augen, hob den Deckel vom Sarg in die Höhe, und richtete sich auf und war wieder lebendig. »Ach Gott, wo bin ich?« rief es. Der Königssohn sagte voll Freude: »Du bist bei mir«, und erzählte, was sich zugetragen hatte und sprach: »Ich habe dich lieber als alles auf der Welt; komm mit mir in meines Vaters Schloss, du sollst meine Gemahlin werden.« Da war ihm Sneewittchen gut und ging mit ihm, und ihre Hochzeit ward mit großer Pracht und Herrlichkeit angeordnet.

Zu dem Fest wurde aber auch Sneewittchens gottlose Stiefmutter eingeladen. Wie sie sich nun mit schönen Kleidern angetan hatte, trat sie vor den Spiegel und sprach:

»Spieglein, Spieglein an der Wand, wer ist die Schönste im ganzen Land?«

Der Spiegel antwortete:

»Frau Königin, ihr seid die Schönste hier,
aber die junge Königin ist tausendmal schöner als ihr.«

Da stieß das böse Weib einen Fluch aus und ward ihr so angst, dass sie sich nicht zu lassen wusste. Sie wollte zuerst gar nicht auf die Hochzeit kommen; doch ließ es ihr keine Ruhe, sie musste fort und die junge Königin sehen. Und wie sie hineintrat, erkannte sie Sneewittchen, und vor Angst und Schrecken stand sie da und konnte sich nicht regen. Aber es waren schon eiserne Pantoffeln über Kohlenfeuer gestellt und wurden mit Zangen hereingetragen und vor sie hingestellt. Dann musste sie in die rotglühenden Schuhe treten und so lange tanzen, bis sie tot zur Erde fiel.

## Momotarō, der Pfirsichjunge

***Die Legende von Momotarō**, dem Pfirsichjungen, kennt in Japan jedes Kind. Diese Legende ist oft in Literatur und in Filmen verarbeitet worden. Besonders in der Präfektur Okayama und auf der Insel Shikoku wird Momotarō verehrt – der Fasan aus der Geschichte ist sogar Namensgeber des Fußballvereins Fagiano Okayama.*

Vor langer, langer Zeit lebte ein armes Paar in einem kleinen Dorf. Doch auch wenn das Paar arm war, so führte es doch ein gutes Leben. Einzig eigene Kinder fehlten den beiden zu ihrem Glück. Eines Tages, die Frau war inzwischen schon alt, wusch sie ihre Kleider am Fluss, als ein riesiger Pfirsich angetrieben wurde. Die alte Frau fing ihn ein und schleppte ihn mit Mühe und Not nach Hause zu ihrem Mann. Dieser freute sich sehr über die stattliche Frucht, nahm ein großes Messer und begann, den Pfirsich in zwei Hälften zu schneiden. Das Ehepaar staunte aber nicht schlecht, als ein kleiner gesunder Junge aus dem Pfirsich sprang. Sie waren überglücklich, dass ihnen ein Sohn geschenkt worden war, dankten den Göttern und nannten den Jungen Momotarō, was Pfirsichjunge bedeutet. Das Paar zog Momotarō liebevoll auf, und er wuchs zu einem guten, starken und klugen jungen Mann heran. Als er fünfzehn Jahre alt war, wollte Momotarō seine geliebten Eltern aus der Armut befreien und auch die anderen Menschen von den Oni erlösen, den abgrundtief bösen hässlichen Dämonen. So machte er sich auf den Weg nach Onigashima, der Insel, auf der die Oni lebten. Es hieß auch, dass dort in der Höhle der Oni große Schätze versteckt seien, die sie den Menschen gestohlen hatten. Ausgestattet mit einer Eisenkeule zum Kämpfen und mit Hirseklößen gegen den Hunger begann er seine Reise. Wie seine Eltern vertraute auch Momotarō auf den Schutz der Götter. Und tatsächlich gesellten sich drei Götter in Gestalt von Tieren zu ihm. Dem Hund, dem Affen und dem Fasan war Momotarō auf seinem Weg nach Onigashima begegnet, und weil sie Hunger hatten, hatte er seine Hirseklöße mit ihnen geteilt. Sie halfen ihm dann dabei, sicher zur Insel zu gelangen, wo sie gemeinsam in den Palast der Oni eindrangen. Momotarō kämpfte mutig und kraftvoll gegen das grimmige Oberhaupt der Oni mit seiner eisenbewehrten Keule. Wieder standen ihm die Göttertiere zur Seite, und so trug er am Ende den Sieg davon. Gemeinsam brachten die vier ihre erbeuteten Schätze zurück zu dem alten Paar. Von Momotarōs Tapferkeit und Güte erfuhr das ganze Land, aber auch eine schöne Prinzessin, die sich ihn zum Manne wünschte. Als Momotarō davon hörte, machte er sich auf den Weg zu ihr. Er hielt um ihre Hand an, und schließlich heirateten sie. Zusammen mit seinen Eltern und den Göttertieren lebten Momotarō und seine Frau fortan ein glückliches Leben.

## Sina ma le Tuna (Sina und der Aal)

*Diese Legende gilt als Gründungslegende in der Mythologie von Samoa, aber auch von ganz Polynesien. Es gibt sehr viele verschiedene Fassungen dieser Legende, diese ist eine davon. Sie erklärt die Entstehung der Kokospalme, der wichtigsten Pflanze der Südsee.*

Vor langer, langer Zeit lebte ein wunderschönes junges Mädchen namens Sina auf der Insel Savai'i. Jeder sprach von ihrer sonnengeküssten Haut und ihrem seidigen Haar. Davon hörte auch Tui Fiti, der König von Fidschi. Da er sich selbst von ihrer Schönheit überzeugen wollte, setzte er sein *Mana*, seine Magie, ein und verwandelte sich in einen Aal, denn er wusste, dass Sina jeden Morgen ein Bad im Süßwasserbecken der Dorfquelle nahm. Und als er sie erblickte, verliebte es sich augenblicklich in sie. Er war aber nicht mehr jung und glaubte sich daher chancenlos. Als Sina ihn im Wasser entdeckte, wollte sie von dem hässlichen Aal nichts wissen. Doch mit der Zeit gewöhnte sie sich an ihn, ja, sie mochte ihn bald so gern, dass er ihr Schmusetier wurde. Jahre vergingen, und Tui Fiti wurde alt und schwach. Auch sein *Mana* wurde immer schwächer. Er entschied, sich zu offenbaren, und erzählte Sina, dass er der König von Fidschi gewesen und gekommen sei, um ihre Schönheit zu bewundern. Aber er habe gewusst, dass es für ihn aussichtslos gewesen wäre, ihre Liebe zu erringen. Nun aber ging sein irdisches Leben dem Ende entgegen und daher bat er Sina, seinen Kopf im Boden einzupflanzen. »Denn«, so prophezeite er, »dort, wo du meinen Kopf begräbst, wird eine Palme wachsen. Sie wird dir Schatten spenden, der Saft ihrer Nüsse wird deinen Durst, das Fleisch deinen Hunger stillen.« Sina entsprach seiner Bitte und pflanzte den Kopf des Aals ein. Und es geschah wie Tui Fiti prophezeit hatte: Eine Palme wuchs daraus – eine Kokospalme. Und wenn die Hülle einer Kokosnuss entfernt ist, sieht man drei dunkle Flecken, die wie das Gesicht eines Fisches aussehen mit zwei Augen und einem Mund. Einen der Flecken muss man durchstoßen, um die Kokosnuss auszutrinken, und wenn Sina so trank, war es, als küsste sie den Aal. Und so hatte sich der Wunsch des Königs nach Sinas Liebe doch noch erfüllt.

# Kurioses von Obst und Früchten …

Obwohl die Schreibweise unterschiedlich ist, so klingen die Wörter für **Apfel** und **Frieden** (*Ping*) im Chinesischen recht ähnlich. Und deshalb wird in China Frieden gerne mit einem Apfel symbolisiert. Zur Weihnachtszeit lässt sich das Spiel mit den Silben noch verfeinern. Aus der Übersetzung für die Heilige Nacht (*Ping An Ye*) und unserem Apfel (*Ping Guo*) wird der **Friedensapfel**, also Ping An Guo.

**Kubische Wassermelonen** wurden in Japan gezüchtet, um sie platzsparender zu machen, damit sie in den kleinen städtischen japanischen Wohnungen und Kühlschränken leichter gestapelt und gelagert werden können. Diese quaderförmigen Wassermelonen werden in der Regel in durchsichtigen Kisten gezüchtet und nehmen im Laufe ihres Wachstums die Form des Behälters an, in dem sie sich befinden. Sie werden allerdings nicht in großem Umfang produziert oder konsumiert; es handelt sich eher um eine Kuriosität.

Einige Landwirte bauen **Erdbeeren in Herzform** an, indem sie die Erdbeeren in durchsichtigen herzförmigen Behältern züchten. Diese erfreuen sich am Valentinstag und bei Hochzeiten großer Beliebtheit.

In China werden **Birnen in Buddhaform** gezüchtet. Diese Buddha-Birnen werden gern verschenkt und gelten als Glücksbringer. Inzwischen sind die lächelnden Birnen längst auch in Europa angekommen.

## … und von Äpfeln

Frische Äpfel können **auf dem Wasser schwimmen**, weil sie einen hohen Anteil an Luft enthalten. Daher wird ihre »Schwimmfähigkeit« manchmal als Indikator für ihre Frische verwendet.

Der Physiker Sir Isaac Newton soll einer Legende zufolge die **Schwerkraft** entdeckt haben, als ihm ein Apfel auf den Kopf fiel, während er unter einem Apfelbaum saß.

1999 reisten einige Apfelsamen mit der **Space Shuttle** ins All, um den Einfluss der Schwerelosigkeit auf das Pflanzenwachstum zu untersuchen.

Äpfel können dazu beitragen, andere Lebensmittel länger frisch zu halten. Sie geben **Ethylengas** ab, das den Reifeprozess verlangsamen kann. Daher werden Äpfel manchmal in Kühlschränken verwendet, um Gemüse und anderes Obst länger frisch zu halten.

China ist der **weltweit größte Produzent** von Äpfeln, gefolgt von Ländern wie den USA, Polen und Indien.

Der **schwerste Apfel der Welt** wurde 2014 in der Stadt Hirosaki in Japan gezüchtet und wog sage und schreibe 1,85 Kilogramm. Dieser riesige Apfel stammte von einem Apfelbaum der Sorte Hokuto, der für seine großen Früchte bekannt ist. Die Sorte Hokuto ist eine Kreuzung aus zwei anderen Apfelsorten, nämlich aus Jonagold und Mutsu.

**Vom Baum fallende Kokosnüsse** können schwere Rücken- und Kopfverletzungen verursachen, doch nur sehr wenige Todesfälle durch fallende Kokosnüsse sind dokumentiert. Nach einer Studie von 1984 zu *Verletzungen durch fallende Kokosnüsse* verbreiteten sich jedoch vollkommen übertriebene Behauptungen über die Anzahl der Todesfälle. Die Legende gewann an Fahrt, nachdem die Arbeit eines bekannten Experten für Hai-Angriffe aus dem Jahr 2002 behauptete, dass fallende Kokosnüsse jedes Jahr weltweit 150 Menschen töten. Diese Statistik wurde oft mit der Zahl der durch Haie verursachte Tötungen pro Jahr verglichen, die bei etwa fünf liegt. Die falsche Zahl der 150 Toten pro Jahr veranlasste Beamte in Queensland, Australien, im Jahr 2002, Kokospalmen von den Stränden zu entfernen. Eine Zeitung nannte Kokosnüsse gar »die Killerfrucht«.

**In Friedrich Schillers Arbeitszimmer lagerten faulige Äpfel**. Seinem Freund Johann Wolfgang Goethe soll von dem Geruch regelrecht übel geworden sein. So berichtet der: »Ich hatte aber nicht lange gesessen, als ich von einem heimlichen Übelbefinden mich überschlichen fühlte, welches sich nach und nach steigerte, so daß ich endlich einer Ohnmacht nahe war.« Für Schiller wiederum war der Geruch, den das faule Obst verströmte, eine Quelle der Inspiration. In Aufzeichnungen vom 7. Oktober 1827 sagte Schillers Frau Charlotte zu Goethe, dass »die Schieblade immer mit faulen Äpfeln gefüllt sein müsse, indem dieser Geruch Schillern wohl tue und er ohne ihn nicht leben und arbeiten könne«.

**Der Durianbaum** (*Durio*) bringt große stachelige tropische Früchte mit grünlich-brauner Schale hervor, die für ihren unverwechselbaren Geruch bekannt sind. Das süße Fruchtfleisch der **Durianfrucht** ist puddingartig cremig und kann blassgelb bis tieforange sein. Ihr Geschmack ist unvergleichbar. In Südostasien wird sie oft als »Königin der Früchte« bezeichnet. Im Westen wird sie dagegen Stinkfrucht genannt. Angeblich riecht sie nach faulen Eiern, Stinkesocken und sogar nach Müll. In öffentlichen Verkehrsmitteln und Hotels ist das Mitführen einer Durianfrucht aufgrund ihres starken Geruchs oftmals sogar verboten worden. Der Gestank ist biologisch jedoch sinnvoll, denn Elefanten, Tiger, Schweine oder Affen lieben den Geruch, stürzen sich auf die Frucht und verbreiten später mit ihrem Kot die Samen im Wald.

# Quellenverzeichnis

S. 9 Etymologie nach Edmund Jacoby: *Weltsprache Europäisch*, 2022

S. 23 Achim von Arnim: *Der Kirschbaum.* Aus der Sammlung *Gedichte*. Seinen ursprünglichen Ort hat das Gedicht in Arnims Erfolgsroman *Armut, Reichtum, Schuld und Buße der Gräfin Dolores*, 1810

S. 29 Conrad Ferdinand Meyer: *Fülle*. Aus der Sammlung *Gedichte*, 1882

S. 37 Johann Meyer: Am Hasel die Äste. Aus: *Sämtliche Werke*, Erster Band: *Hochdeutsche lyrische Gedichte*, 1906

S. 41 Eduard Mörike: *Schöne reife Beeren*. Aus der Ballade *Rat einer Alten*, 1838

S. 42 Hoffmann von Fallersleben: *Erdbeerlese* (Auszug). Aus: *Kinderlieder*, erste vollständige Auflage, 1882

S. 42 Paul Zech nach François Villon: *Der Erbeermund* (eine erotische Phantasie aus dem 15. Jahrhundert, Auszug). Aus: Paul Zech: *Die lasterhaften Lieder und Balladen des François Villon*, 1930

S. 49 Christina Rossetti: *Goblin Market* (Auszug). Aus: *Goblin Market and Other Poems*, London 1862. Aus dem Englischen von Nicola T Stuart

S. 51 Gila Grün: *Blaubeer'n*. © Gila Grün, 2022

S. 52 Johann Gottfried Herder: *Die Erdbeeren*. Aus: *Werke*. Erster Theil. *Gedichte*, 1879

S. 55 Friedrich Schiller: *Zum Geburtstag der Frau Griesbach* (Auszug). Aus: *Gesammelte Gedichte*. Dieses Gedicht schrieb Friedrich Schiller zum Vortragen für seinen kleinen Sohn Karl im Jahr 1803.

S. 63 Johann Wolfgang Goethe in einem Brief an Christiane (1810).
Aus: *Goethe – Gesamtausgabe der Werke und Schriften* in 22 Bänden, Bd. I: *Gedichte*, 1891

S. 68 Tomatenkulturgeschichte nach Ingo Schauser und Henrik Vilain: *Rezepte aus dem Garten der Tomaten*, 2023

S. 75 Friederike Kempner: *Grüne Zweige, goldne Frucht*. Aus: *Gedichte*. 8. Auflage, 1903

S. 91 Josef Guggenmos: Haiku – *Im Gras ein Apfel*. © Erbengemeinschaft Josef Guggenmos, 1981/82

S. 95 Theodor Fontane: *Am Apfelbaum*. Aus: *Gedichte* (in 3 Bänden), 1841

S. 101 Francisca Stoecklin: *An eine Orange*. Aus: *Die singende Muschel*, 1925

S. 111 Stefan Andres, *Der Granatapfel* (Auszug). © Stefan Andres Erben, 1950

S. 125 Bettina von Arnim: *An die Bettine*. Aus: *Die Günderode*, 1840

S. 130 Johann Wolfgang Goethe in einem Brief an Christiane (1810).
Aus: *Goethe – Gesamtausgabe der Werke und Schriften* in 22 Bänden, Bd. I: *Gedichte*, 1891

S. 143 *Ilias* 4, 440–445 in der Übersetzung von Johann Heinrich Voß

**Klimaneutral**
Druckprodukt
ClimatePartner.com/13916-1911-1001

All unsere klimaneutral gedruckten Novitäten und Nachdrucke finden Sie auf climatepartner.com unter Angabe der ID 13916-1911-1001. Hier erhalten Sie auch Einblick in die Windenergie- und sozialen Projekte, die wir mit Ihrer Hilfe unterstützen.

FSC
www.fsc.org
MIX
Papier | Fördert gute Waldnutzung
FSC® C014138

Dieses Buch ist auf Papier gedruckt,
für das nur Holz aus nachhaltiger Forstwirtschaft
verwendet wurde.

*Ein verlagsneues Buch kostet in ganz Deutschland und Österreich jeweils dasselbe. Das liegt an der gesetzlichen Buchpreisbindung, die dafür sorgt, dass die kulturelle Vielfalt erhalten und für die Leser:innen bezahlbar bleibt. Also: Egal ob im Internet, in der Großbuchhandlung, beim lokalen Buchhändler, im Dorf oder in der Stadt – überall bekommen Sie Ihre verlagsneuen Bücher zum selben Preis.*


Druck und Bindung: Finidr
Printed in the Czech Republic
ISBN 978-3-96428-175-3
www.jacobystuart.de